Thomas Bernhard

Der Weltverbesserer

Suhrkamp Verlag

Erste Auflage 1979

Druck: Nomos Verlagsgesellschaft, Baden-Baden
Printed in Germany

Der Weltverbesserer

Für Minetti

Ich bin krank.
Ich leide vom Kopf bis zu den Füßen.

Voltaire

Personen

WELTVERBESSERER
DIE FRAU
REKTOR
DEKAN
PROFESSOR
BÜRGERMEISTER

Im Haus des Weltverbesserers

Erste Szene

Fünf Uhr früh
Der glatzköpfige Weltverbesserer mit einem
Hörrohr auf einem hohen Sessel

WELTVERBESSERER *ruft durch die offene Tür hinaus*
Das Ei weich
die Sauce süß
süß die Sauce
streckt beide nackten Beine so weit als möglich aus
während er in einem Buch liest
Feingeschnittene Zwiebel
Meine Zunge ist gänzlich ausgetrocknet
hörst du
Mir ist wieder eine Maus
über das Gesicht gelaufen in der Nacht
Man muß mehr Fallen aufstellen
Kein Gift
schreit
Kein Gift
Unterstehe dich
klappt das Buch zu und schaut umher
Es ist lächerlich
wenn ich schließlich und endlich
doch an der Zugluft sterbe
befiehlt
Fenster zu

Türen zu
Es ist genug gelüftet
draußen werden Türen und Fenster zugemacht
zu sich
Verschiedene Fleischsorten
in süßer Sauce
geriebener Zimt
ein Schuß Sherry
ruft hinaus
Die Kragen stärken
aber nicht so hart
daß sie mir bei jeder Bewegung
in den Hals schneiden
betastet seinen Hals von allen Seiten
Ich bin ganz wund
Ein schrecklicher Zustand
Wir brauchen Schonung
und werden gemartert
schlägt das Buch wieder auf und liest
Was für ein unbeschreiblicher Unsinn
wirft das Buch so weit als möglich weg
sinkt in sich zusammen, dann schreiend
Daß mir kein Tintenfisch mehr
auf den Tisch kommt
zu sich
Diese Stelle war doch sehr komisch
Komisch
schreit
Bring mir doch das Buch

Das Buch
hörst du
das Buch
Die Frau tritt ein, hebt das Buch auf und gibt es ihm

WELTVERBESSERER *ganz leise zu ihr*
Ich weiß
ich bin ungerecht
Ich bin ein Scheusal
ich bin unverbesserlich
Ich bin gerührt
tatsächlich ich bin gerührt
tätschelt der Frau auf die Brust
In gewissem Sinne
bin ich ungerecht
in gewissem Sinne
Meine Launen
ich weiß
Die Frau geht hinaus

WELTVERBESSERER *liest im Buch*
Wo ist die Stelle
blättert im Buch
Diese Stelle
diese ausgezeichnete Stelle
Da ist sie
liest
Nein
es ist doch nichts
nichts
nichts

wirft das Buch weg und legt die Hände in den Schoß
mit gesenktem Kopf
Die Stille
die uns alle krank macht
die krankmachende Stille
schaut um sich
In jedem Detail
ist Krankheit
überall
in allem
Eine Komödie
haben wir geglaubt
aber es ist doch eine Tragödie
Nach und nach
wird in diesen Mauern
eine Tragödie gespielt
neigt den Kopf auf die linke Seite, horcht
Es hat sich angekündigt
wenn ich wollte
In viele Risse könnte ich ja meine Hand stecken
Es deutet alles darauf hin
aber ich will nicht
könnte ich
wenn ich wollte
ruft hinaus
Wann war das Erdbeben
wann war es
zu sich
Eine zeitlang gelingt es uns

über uns zu herrschen
hebt seinen Kopf so hoch als möglich
dann fallen wir wieder in uns zusammen
ruft hinaus
Wir sollten einen Spaziergang machen
Alles blüht draußen
zu sich
und ich sitze da
eingesperrt
kein Mensch kümmert sich um mich
plötzlich hinausschreiend
Ich erfriere
zappelt mit den Füßen
Ich erfriere wenn du nicht gleich kommst
In der Schatulle ist meine Kette
sinkt in sich zusammen
Heute will ich sie umhängen
Heute ist ein großer Tag
ruft hinaus
Die Kette
gibt mir mehr Würde
schreit
Was ist denn so kompliziert
daß ich solange warten muß
Ich friere
ich erfriere
zappelt mit den Füßen
Die Frau kommt mit einer Fußbadewanne herein,
stellt sie am Sessel ab, kniet vor dem Weltverbesserer

mit einem Handtuch nieder

WELTVERBESSERER *steckt langsam die Füße ins heiße Wasser*

Ah
Eine Gewohnheit natürlich
Eine Machtbefugnis
Wir bitten um tagtägliche gute Behandlung
Wir sehen zu daß alles in Ordnung kommt
und erbitten beste Behandlung
Hast du auch ein frisches Handtuch
Zeig her

Er entreißt der Frau das Handtuch und riecht am Handtuch

Eine Unverschämtheit
Glaubst du ich erkenne meinen Geruch nicht
Ich liebe es nicht
ein Handtuch zweimal zu benützen

wirft das Handtuch weg

Man belügt mich nicht ungestraft
Aufheben
Heb es auf

Die Frau weigert sich

WELTVERBESSERER

Ich kann warten

Die Frau hebt das Handtuch auf

WELTVERBESSERER

Und mein Buch
heb das Buch auf

Die Frau hebt auch das Buch auf

Weltverbesserer
Es ist entwürdigend
schon in aller Frühe
das Wort h i n a u s zu verschleudern
Die Frau dreht sich um und geht mit Handtuch
und Buch hinaus
Weltverbesserer *sinkt in sich zusammen*
Alles könnte so schön sein
Ah
ich brauche diese Wärme
von unten herauf
Wir lieben unser Leben
und hassen es gleichzeitig
Weil wir so strebsam sind
kommen wir vorwärts
Jedes Jahr schwierigere Examen
jedes Jahr größere Verständigungsschwierigkeiten
Der Kranke ist überfordert
Die Frau kommt herein mit einem neuen Handtuch
Weltverbesserer
Eine neuerliche Handtuchprobe
erübrigt sich
Die größte Unverschämtheit wäre
mir das alte
als neues auszugeben
so zu tun als handelte es sich um ein neues
während es doch das alte ist
Ich verzichte auf die Probe
Die Frau will ihm die Füße abreiben

WELTVERBESSERER
Es sind noch keine fünf Minuten
Die Frau schaut auf die Uhr
WELTVERBESSERER
Exaktheit
ist das Fremdwort
Kein Zeitbezug
schaut auch auf die Uhr
Wir haben darauf zu achten
daß wir die Zeit genau einhalten
wo kämen wir hin
wenn wir uns über die Zeit hinwegsetzten
zählt die Sekunden
zwölf
elf
zehn
neun
acht
sieben
sechs
fünf
vier
drei
zwei
jetzt
Der Weltverbesserer zieht die Beine aus dem Wasser
Die Frau trocknet ihm den rechten Fuß ab
WELTVERBESSERER
Jede Stunde

ist die Stunde der Wahrheit
mein Kind
Welche Mühe es mich gekostet hat
dich diese Tätigkeit zu lehren
Kein Mensch weiß
was mir dieses Abtrocknen bedeutet
entzieht ihr den rechten Fuß, schreit auf
Du tust mir ja weh
sinkt in sich zusammen
Wieweit bist du
mit deinem Dramulett
hast du die Großmutter sterben lassen
nach einer Pause
sterben lassen
Ich weiß eine Ungehörigkeit
der schöpferische Mensch
darf nicht an seine Schöpfung erinnert werden
ist diese Schöpfung noch nicht fertig
Es ist eine Raffinesse
das Drama
nur als ein Dramulett zu bezeichnen
Wir schreiben alle
alle schreiben
Du verstehst doch hoffentlich einen Spaß
Du läßt die Großmutter
das Enkelkind in der verfallenen Ruine suchen
und sie umkommen in der Ruine
Die Großmutter kommt in der Ruine um
auf der Suche nach dem Enkelkind

Und das Enkelkind
das von der Großmutter gesucht worden ist
ist aufeinmal wieder zuhause
Nicht das Enkelkind kommt um
die Großmutter verstehst du
Die Frau trocknet ihm den linken Fuß ab
Oder vielleicht
ein Königsdrama
mit ungewissem Ausgang
wobei es ganz sicher ist
daß der König erdolcht wird
von hinten mein Kind
mit einem langen Messer
von welchem niemand wissen kann
wie es in die Hand des Mörders gekommen ist
Fingerabdrücke auf der Königskrone mein Kind
Ein blutrünstiger Neffe
der sich unter die schottischen Bauern gemischt hat
Oder eine verschlagene Dirne
die dem König den Hintern ausgewischt hat bei
Nancy
Die Frau will aufstehen und gehen

WELTVERBESSERER

Bleib da
versündige dich nicht
Rette deine Seele
Verzeih mir
Nur noch einen Augenblick
das linke Bein

wie mich das kribbelt
Die Frau reibt ihm das linke Bein ab
WELTVERBESSERER
Zwei ganz kleine Augen
erscheinen in finsterer Nacht
einem ganz kleinen Kind
und aufeinmal erkennt das Kind
daß die ganz kleinen ganz lieben Augen
die Lichter einer Lokomotive sind
Ein neues Märchenmotiv
für dich
Du siehst
es mangelt mir nicht an Phantasie
Nur an der Rührseligkeit
ohne die Poesie nicht entstehen kann
Mach dich ans Werk
streckt ihr das rechte Bein hin
Wir dürfen alles
nur nicht die Kontrolle
über uns verlieren
Unsere Vorbilder nicht außeracht lassen
Das Philosophische in uns
nicht ersticken
vorausgesetzt
ein solches Philosophisches
war überhaupt in uns versteckt
Es ist ein Versteckenspiel
in welchem sich die einen früher
die andern später

zutode laufen
Die Frau ist aufgestanden und hat ihm Strümpfe angezogen

WELTVERBESSERER
Eine gelungene Szene
Wenn wir sie zum Zehntausendstenmal
gespielt haben
belohnen wir uns
in aller Heimlichkeit natürlich
mit einem Fest
das wir uns geben
Ein Familienfest meine Liebe
ganz allein gefeiert
ohne Anhang
ohne Familie
Die Frau geht hinaus

WELTVERBESSERER
flüstert ihr nach
und ohne uns
zu sich
Die verlogene Ratte
Zwanzig Jahre
hat sie gehofft
daß ich sie heirate
jetzt erhofft sie sich
die Heirat nicht mehr
aber sie geht auch nicht mehr weg
Sie fühlt sich hier zuhause
Auch mit ihrer Häßlichkeit

bin ich fertig geworden
Wir haben uns gegenseitig hineingelegt
plötzlich hinausschreiend
Eine Ungeheuerlichkeit
eine Fürchterlichkeit
hörst du
Die Frau erscheint

WELTVERBESSERER
Komm her
komm ganz zu mir her
Wir haben heute vergessen
winkt sie ganz nahe an sich heran
flüstert ihr ins Ohr
Wir haben den Schwanz nicht gewaschen
hebt seinen Kopf
Das sollte nicht vorkommen
Die Frau will hinausgehen

WELTVERBESSERER *herrscht sie an*
Wenn wir schon
die alltäglichsten Verrichtungen
vergessen
wohin kommen wir
packt sie am Arm
Das Zusammensein
ist eine Vertrauensstellung
Anzeichen von Zerfall
Wir können uns trennen
wenn du magst
Aber dann bin ich vernichtet

Eine Rente ist dir sicher
Aber dann bin ich vernichtet
Eine hohe Abfertigung
Aber dann bin ich vernichtet
Die Frau reißt sich los und geht hinaus

WELTVERBESSERER *schreit ihr nach*
Die Kette
die Kette bitte
Heute die Kette
Wenn die hohen Herrschaften kommen
kann ich nicht ohne Kette sein
Wozu habe ich diese Kette
wenn ich sie mir nicht umhänge
im entscheidenden Moment
Es gibt nur zwei solcher Ehrenketten
Die meinige
und die
die der Erzbischof von Paris hat
Die Stadt Frankfurt hat sie mir nicht dazu umgehängt
daß ich sie in der Schublade verschimmeln lasse
zu sich
Wir sollten fortwährend auf der Hut sein
und uns nicht übertölpeln lassen
Wenn wir unseren Nächsten alles durchgehen lassen
verkommen wir in der kürzesten Zeit
Die Frau kommt mit einer großen Kette herein

WELTVERBESSERER
Weißt du noch

wofür ich diese Kette bekommen habe
von der Stadt Frankfurt
Sag es
auch wenn du es schon Hunderttausendmal gesagt
hast
Ich will es hören
bitte
bitte sag es
klatscht in die Hände
Ich bitte dich sag es
sag es
sag es
für
für

DIE FRAU *hängt ihm die Kette um*
Für deinen Traktat

WELTVERBESSERER
Natürlich für meinen Traktat
Für welchen Traktat für welchen

DIE FRAU
Für den Traktat
den du der Stadt Frankfurt gewidmet hast

WELTVERBESSERER
Ja ja
aber wie heißt der Traktat
wie heißt er

DIE FRAU
Traktat zur Verbesserung der Welt

WELTVERBESSERER *betastet von oben nach unten die Kette*

Du sagst es
du sagst es mein Kind
Du entschädigst mich dadurch
für so viele Schändlichkeiten
Du weißt
ich verzeihe dir
ich habe dir immer verziehen
Meine Natur verzeiht
ich habe immer allen verziehen
insbesondere dir
Was für ein armer Mensch bin ich
Die Kette ist ja nur eine kleine Entschädigung
nur eine ganz kleine Entschädigung
Die Kette bindet mich natürlich
moralisch
moralisch bin ich an diese Kette gebunden
Das Traurige ist
daß kein Mensch meinen Traktat verstanden hat
kein Mensch hat jemals verstanden
was ich in meinem Traktat sage
Solltest du mir nicht jetzt
noch vor dem Frühstück
aus dem Traktat vorlesen
Etwas aus dem Zentrum
Du weißt was ich meine
bitte
tu mir den Gefallen

plötzlich
Bist du noch heiser
Ich kann nicht wissen
ob du noch heiser bist
Du sprichst so leise und so undeutlich
daß ich gar nicht feststellen kann
ob du noch heiser bist
Hörst du
eine entscheidende Stelle
Die zentrale Stelle
die dem Bürgermeister so gefallen hat
Die auch dem Erzbischof so gefallen hat
die dem ganzen Auditorium so gefallen hat
Komm geh
Die Frau geht hinaus

WELTVERBESSERER
Wir müssen den Moment ausnützen
wenn der Moment da ist
muß er ausgenützt sein
Wenn wir dazu in der Lage sind
Die Frau kommt mit einem großen Buch herein

WELTVERBESSERER *bedeutet ihr, auf dem Ecksessel Platz zu nehmen und sie nimmt dort Platz*
Beim Umblättern
die Lärmentwicklung vermeiden
du fängst ganz einfach zu lesen an
dein Vortrag soll nichts künstliches an sich haben
nichts künstliches
ganz und gar nichts künstliches

aber er darf auch nicht zu natürlich sein verstehst du
Die Gedanken dürfen nicht zu kurz kommen
Du machst immer wieder den Fehler
daß du da
wo ganz leise zu lesen ist
laut liest
dann liest du wieder laut
wo ganz leise zu lesen ist
Es kann dir natürlich niemand zu Hilfe kommen
Du fängst auf die natürlichste Weise an
Es ist ja kein Kunstwerk einerseits
weil es sich um Philosophie handelt
andererseits ist es das Kunstvollste
Wenn ich es höre
bin ich glücklich
wenn ich es selbst lese
macht es mich verzweifeln
Musik sollte es sein
einerseits
Aber die Musik gibt der Philosophie die
Geistesblöße
So wie es ist
gehört es gelesen
vollkommen unmusikalisch einerseits
hochmusikalisch andererseits
Der Erzbischof hat gesagt
daß er keine tiefere Philosophie kenne
Die Würdenträger der Kirche
sind unbestechlich

wenn es um die Beurteilung der philosophischen
Materie geht
Und erst wenn es sich durch und durch
um religiöse Philosophie handelt
pathetisch
Wäre die Welt
worunter ich nur die Geisteswelt verstehe
hat der Erzbischof von Paris gesagt
nur imstande Ihren Traktat zu verstehen
sie wäre nicht so traurig
So hat es der Erzbischof von Paris gesagt
mit diesen Worten
In deiner Anwesenheit
Daß ich dich mitgenommen habe in die Paulskirche
zu Frankfurt
war eine Kühnheit
In der vordersten Reihe bist du gesessen
neben dem Bürgermeister
ein Vorrecht
das immer nur den Ehefrauen der Ausgezeichneten
zusteht
Meine Rede hat Aufsehen gemacht
noch heute sprechen die Leute von dieser Rede
Mein Traktat zur Verbesserung der Welt
ist in achtunddreißig Sprachen übersetzt worden
Selbst ins Hebräische
Eine chinesische Übersetzung ist in Vorbereitung
Alle diese Übersetzer haben sich immer wieder
hilfesuchend an mich gewandt

aber ich habe Ihnen allen nicht helfen können
Einem Übersetzer kann nicht geholfen werden
der Übersetzer muß seinen Weg allein gehen
Sie haben meinen Traktat entstellt
total entstellt
Die Übersetzer entstellen die Originale
Das Übersetzte kommt immer nur als Verunstaltung
auf den Markt
Es ist der Dilettantismus
und der Schmutz des Übersetzers
der eine Übersetzung so widerwärtig macht
Das Übersetzte ist immer ekelerregend
Aber es hat mir eine Menge Geld eingebracht
schaut um sich
Wir könnten hier nicht so leben
wie wir leben
Wir wären nicht in dieser Umgebung
Wir hätten diesen Reichtum nicht
Der Inhalt meines Traktats
wird wohl oder übel
mein Geheimnis bleiben
flüstert
Die Welt verdient meinen Traktat nicht
Vielleicht solltest du mir heute
doch nichts aus meinem Traktat vorlesen
allzuleicht komme ich in die Unpäßlichkeit hinein
Plötzlich habe ich die Lust daran verloren
Wahrscheinlich bist du auch gar nicht in Form
Es wäre schrecklich

eine Stimme hören zu müssen
die meinen Traktat lächerlich macht
Wenn du mir in dieser Verfassung vorliest
machst du meinen Traktat lächerlich
Ich bin nicht mehr empfänglich
Ich habe plötzlich so ein Ohrensausen
es saust schon wieder in meinen Ohren
herrscht die Frau an
Was sitzt du da
und tust nichts
schreit
Untätige
Die Frau springt auf und klappt den Traktat zu

WELTVERBESSERER
Das Ei weich
die Sauce süß
süß die Sauce
winkt sie weg
hinaus
Die Frau geht hinaus

WELTVERBESSERER *betastet die Kette von oben bis unten*
Und heute abend
sind wir schon Ehrendoktor

Zweite Szene

Eine Stunde später

WELTVERBESSERER *hat eine große Serviette umgebunden, nachdem er ein Ei ausgelöffelt und ein Stück Brot gegessen hat, ein volles Tablett vor sich*
Mich ekelt
Ich kann nichts mehr essen
Diese phantasielosen Frühstücke langweilen mich
Immer das gleiche
Nun nimm es doch schon weg
weg weg
Die Frau nimmt das Tablett von ihm weg

WELTVERBESSERER
Was stehst du da
Was wartest du
Es ist immer das gleiche
Diese Eintönigkeit
mit der ich tagtäglich fertig zu werden habe
Mein Kopf erstickt in dieser Eintönigkeit
Worauf wartest du
Soll ich dir zum wiederholtenmal sagen
daß das Ei viel zu weich war
entweder es ist zu weich
oder es ist zu hart
Wie abgemagert ich bin

Ich darf nicht mehr abnehmen
hat der Arzt gesagt
Ich muß zunehmen
aber diese Kost ist ja nicht zum essen
Die Frau geht mit dem Tablett hinaus

WELTVERBESSERER
Zu mittag ein Omlett
vielleicht ist das die Rettung
Oder ein weiches Steak
englische Art
ruft hinaus
Englische Art
ein Steak
zu sich
Einerseits messen wir der Küche
viel zuviel Bedeutung bei
andererseits
Die Köche haben uns in der Hand
vielleicht Nudeln
Aber es ist ein Festtag
Der Ehrendoktortag
Nudeln am Ehrendoktortag
Wir haben immer
einen verdorbenen Magen
alles verdirbt uns den Magen
Ist es nicht die Küche
ist es die Philosophie
oder die Sozialfürsorge
ruft hinaus

Generell habe ich nichts
gegen Nudeln
zu sich
In der Schweiz habe ich mir das letztemal
den Magen verdorben
Ich will nicht mehr in die Schweiz
ich habe nichts zu suchen in der Schweiz
ich bin von der Schweiz immer enttäuscht gewesen
ruft hinaus
Ich fahre nicht in die Schweiz
Ich lehne die Einladung ab
zu sich
Ich habe mich am Genfersee immer gelangweilt
Montreux ist ein kaltes Loch
in welchem sich jeder dritte den Tod holt
In der Schweiz fühle ich mich immer
wie in die Falle gelockt
Mir ist die Schweiz widerwärtig
ruft hinaus
Nudeln
oder ein geschnetzeltes Huhn
aber ein Bauernhuhn
das heute früh noch gegackert hat
zu sich
Sie ist hinterhältig
schwachsinnig und hinterhältig
ruft hinaus
Wir machen keine Umstände wenn die Herren kommen

Die Frau kommt mit einem Rosenstrauß herein

WELTVERBESSERER

Was ist denn das
Wozu das
Woher sind die Rosen

DIE FRAU

Der Kanzler hat sie dir geschickt

WELTVERBESSERER

Der Kanzler
Wieso
Ich vertrage Rosen nicht
ich vertrage den Rosengeruch nicht
Wer hat die Rosen abgegeben

DIE FRAU

Vom Kanzleramt

WELTVERBESSERER

Zeig die Karte
Die Frau gibt ihm die Karte

WELTVERBESSERER *liest die Karte und gibt sie ihr wieder zurück*

Ich hasse Blumen
auch Kanzlerblumen
Die Frau wässert die Rosen ein

WELTVERBESSERER

Ich werde zu den Herren sagen
sehen Sie hier meine Herren diese Rosen
vom Kanzler
Was sagst du dazu
Wir dürfen nicht vergessen

diese Leute halten sich nur die kürzeste Zeit
Wenn sie sich festgesetzt haben
und wenn sie sich am sichersten fühlen
sind sie auch schon
unter den Tisch gefallen
Ein Kanzler hat noch kein wahres Wort gesagt
Die Geschichte verdaut alle diese Leute
Die größten Ungeheuer
die größten Scheußlichkeiten
hat die Geschichte schon verdaut
Die Geschichte hat einen guten Magen
flüstert
Vielleicht doch Nudeln
Mit ein klein wenig Schinken
zerschnetzelt
was meinst du
Ich darf mich nicht überanstrengen
Manchmal glaube ich
ich bekomme keine Luft
Aber dann ist es wie weggeflogen

DIE FRAU
Was bieten wir den Herren an

WELTVERBESSERER
Hast du etwas gesagt
Was hast du gesagt

DIE FRAU
Was sollen wir den Herren anbieten

WELTVERBESSERER
Ich verstehe nicht

du mußt lauter sprechen
Gib mir mein Hörrohr
Die Frau geht hinaus und kommt mit seinem
Hörrohr herein

WELTVERBESSERER *nimmt das Hörrohr*
Ich höre

DIE FRAU
Was sollen wir den Herren anbieten
wenn sie kommen

WELTVERBESSERER
Das Übliche natürlich
Wir dürfen uns keine Blöße geben
Ach wenn ich mich nur auf dich verlassen könnte
Sind meine Kleider gebürstet
Ist mein Rock zuverlässig
Zuerst waren mir die Kleider zu eng
jetzt sind sie mir zu weit
Ich bin entsetzlich abgemagert
Hörst du
wenn ich das Ehrendoktorat habe
fahren wir weg
weit weg
komm her
komm
winkt sie heran
weit weg
küßt sie auf die Wange
Du hast eine Reise verdient
das ganze Jahr

mit einem Wüstling
mit einem Ungeheuer
mit einem Berserker
Nun gut
wenn ich nur wüßte wohin
hast du eine Vorstellung wo wir hinfahren
könnten
Wenn wir nicht schon überall gewesen wären
plötzlich laut schreiend
Aber nicht in die Schweiz
Ich kann keine Berge mehr sehen
Und das Meer langweilt mich
Keine Großstadt
Nicht auf das Land
Hast du einen Herzenswunsch mein Liebes
einen Herzenswunsch einen Herzenswunsch
Nein
nicht nach Interlaken
Wir werden nachdenken
wir werden darüber nachdenken
Die Schweiz hat sich an mir versündigt
Die Schweiz ist schuld
daß ich nicht mehr gehen kann
Und wie ich gelaufen bin früher
hinauf
und hinunter
ganz gleich
mit der größten Geschwindigkeit
Jetzt sitze ich hier fest

und bin auf die Gutmütigkeit meiner Umwelt
angewiesen
auf die Gutherzigkeit meiner Mitmenschen
Wir hätten nicht in die Schweiz fahren sollen
Könntest du dir vorstellen
daß wir nach Grönland reisen
und dort ein paar Wochen verbringen
nur in Gesellschaft von Seehunden
ganz allein mit Seehunden
menschenlos
Wir werden nachdenken
Oder nach Ägypten
Wünschtest du nicht schon immer
die Pyramiden zu sehn
die Cheopspyramide mein Kind
Das Altertum
Oder genügt es auf zwei Tage nach London zu
fahren
und auf den Tower zu steigen
und wieder heimzufahren
Das hat mich schon immer an den Rand der
Verzweiflung gebracht
wenn ich habe nachdenken müssen
wohin in den Ferien
Und da zu bleiben wo man ist
macht einen auch verrückt
Wir werden nachdenken
Der Ehrendoktor verdient naturgemäß
eine Reise

Und du verdienst sie auch
eine schöne Reise
eine sehr schöne Reise
plötzlich
Die Leute die gehen können
wissen gar nicht wie es ist
jahrelang in einem Sessel sitzen zu müssen
was es mich kostet
von diesem Sessel aufzustehn
sucht etwas, aber es ist nicht da
Wo sind denn meine Krücken
Wo sind denn die Krücken
Ich habe die Krückenprobe noch nicht gemacht
Ich habe die Krückenprobe heute noch nicht gemacht
Die Frau stürzt hinaus und kommt mit zwei Krücken wieder herein

WELTVERBESSERER
Man kann aus der Übung kommen mein Kind
und man kann nicht einmal mehr mit Krücken gehn
Die Frau hilft ihm vom Sessel auf und der Weltverbesserer stützt sich auf die Krücken

WELTVERBESSERER
Ich glaube nicht
daß es gehen wird
ich glaube nicht
versucht zu gehen, die Frau stützt ihn
Du mußt mich mehr unter dem linken Arm stützen
als unter dem rechten
versucht drei Schritte zu gehen, geht aber nur zwei

Wenn wir nachgeben
sind wir erledigt
wenn wir aufgeben
sind wir tot
Ich bin ein Gespenst
findest du nicht
daß ich ein Gespenst bin
Aber ich gebe nicht auf
niemals
will wieder auf den Sessel zurück, stößt die Frau beiseite
Die Ungeschicklichkeit
macht mich wahnsinnig
setzt sich mühselig wieder auf den Sessel und wirft der Frau die Krückstöcke hin
Daß du immer versagst
Immer ist es das gleiche
Ich habe keine Stütze an dir
Du haßt mich
Ich weiß daß du mich haßt
Was stehst du da und starrst mich an
Die Frau geht mit den Krücken hinaus

WELTVERBESSERER
Was tun wir nicht alles
um überleben zu können
Die Unfähigkeit umgibt uns
Die Unfähigkeit und der Haß
ruft hinaus
Warum muß sich alles immer wieder

in Komplikationen erschöpfen
Komm herein
komm her
Es war ja nicht so gemeint
Ich wollte dich nicht kränken
komm her
Warum kommst du nicht
Die Frau kommt herein
Ich bin ja kein Menschenfresser
Nudeln
Nudeln vielleicht
Wir müssen ja nicht immer so teuer essen
wir essen viel zu teuer
wo soviel Armut in der Welt ist
muß nicht so teuer gegessen werden
Nudeln
oder Grieß
Grieß
oder Nudeln
komm her
komm doch
Die Frau geht zu ihm hin

WELTVERBESSERER

Der Erzbischof hat gesagt
ich sei ein Genie
und die Frankfurter Allgemeine Zeitung hat geschrieben
ich sei epochemachend
epochemachend hörst du

epochemachend
Natürlich sagt das gar nichts
epochemachend hörst du
Möglicherweise ist meine Lähmung
die Urheberin meines Genies
möglicherweise
Dann verdanke ich der Schweiz meinen Traktat
Mein Liebes
Wenn meine Mutter sehen könnte
was aus mir geworden ist
Eine schmutzige Welt
durch die wir durch müssen mein Liebes
drückt ihr die Hand
Und jetzt bring mir den Spiegel
Die Frau geht und holt einen Spiegel

WELTVERBESSERER *schaut in den Spiegel*
Du müßtest dich schämen
mit einem solchen Mann
wenn er nicht so durchgeistigt
und so berühmt wäre
gibt ihr den Spiegel zurück
Ich will die Perücke aufsetzen
Bring mir die Perücke
Die Frau holt eine Perücke

WELTVERBESSERER *wie die Frau mit der Perücke unter der Tür ist*
Das Schweizer Medikament ist schuld
daß mir die Haare ausgefallen sind
ich hätte möglicherweise den Prozeß

gegen den Konzern gewonnen
aber du weißt wie lang Prozesse dieser Art dauern
Noch nicht die Perücke
noch nicht
sie klebt mir wie Blei auf dem Kopf
Die Frau geht mit der Perücke hinaus

WELTVERBESSERER *ruft ihr nach*
Bring sie her
bring die Perücke her
Die Frau kommt mit der Perücke wieder herein

WELTVERBESSERER
Gib sie her
Die Frau gibt ihm die Perücke

WELTVERBESSERER
Ich habe meine Haare verloren
aber meinen Verstand zurückgewonnen
mein Genie
komm her mein Liebes
Wir könnten natürlich nach Interlaken fahren
Nein
nicht nach Interlaken
betrachtet die Perücke in seinen Händen
Wer weiß
wessen Haare ich auf dem Kopf trage
Wie gut daß ich das nicht weiß
Aber ohne Haare bin ich unansehnlich
Nur dir gefällt das
nicht wahr
du findest Gefallen daran

dir gefalle ich ohne Haare
im Bett
du hast es dir angewöhnt
mit dieser Glatze ins Bett zu gehn
du spielst mit dieser Glatze
zuerst spielst du mit der Glatze
zuerst immer mit der Glatze
Der Schein muß gewahrt sein
Habe ich dir jemals die Heirat versprochen
Niemals
Es ist nicht notwendig wie du siehst
Die Ehe ist kein Heilmittel
Alle sind mit der Hölle verheiratet
Findest du nicht
daß ich ein Stück aus meinem Traktat vorlesen soll
wenn die Herrschaften da sind
Du bringst mir den Traktat
und ich lese ein Stück aus dem Traktat vor
Eine unheimliche Stelle
etwas ganz und gar Unheimliches
plötzlich
Ich weiß du haßt mich
zuerst hast du mich geliebt
dann hast du spekuliert
dann hast du resigniert
jetzt haßt du mich
Du schleichst immer wie um einen Leichnam
um mich herum
Du kannst lange warten

Da müßte schon ein Verbrechen geschehn
zuzutrauen ist es dir
ich weiß auch welche Verbrechensart
Du bist zu einem intelligenten Verbrechen imstande
Aber es nützt dir nichts
Du mußt mich aushalten
Du wirst mir Nudeln machen lassen
mit ganz fein geschnetzeltem Schinken
ganz frischem feingeschnetzeltem Schinken
es soll mir auf der Zunge zergehn
Die Frau dreht sich um und geht

WELTVERBESSERER *ruft ihr nach*
Schade um die Energien
die sich in Gemüsen und Eierteigwaren erschöpfen
zu sich
Vielleicht nach Katalonien
Jede Reise ist eine Marter für mich
Die Last die ich auf mich nehme
Ein Platz in der Sonne vielleicht
aber ich hasse die Sonne
Ein Platz im Schatten
aber ich hasse den Schatten
Dann befällt mich die Monotonie
dann bekomme ich diese Magenschmerzen am Meer
Die Großstädte sind mir verhaßt
auf dem Land langweile ich mich zutode
Bin ich in Paris
träume ich von London
bin ich in London

wäre ich gern in Sizilien
Dazu kommt meine Hörschwäche
ganz zu schweigen von meiner Augenschwäche
schaut zum Fenster hinaus
Die Tage werden kürzer und kürzer
Die Pupille schmerzt mich
jetzt schon ab vier Uhr
ruft hinaus
Was ziehe ich denn an
Hörst du was ziehe ich an
Ich kann ja nicht immer den gleichen Anzug
anziehen
Die Frau kommt mit einem schwarzen Anzug herein
WELTVERBESSERER
Schon wieder der gleiche Anzug
Ich gehe ja auf kein Begräbnis
Habe ich denn keinen festlichen Anzug
keinen schwarzen
einen festlichen Anzug
ein Festanzug muß doch nicht schwarz sein
Ich kann den Anzug nicht mehr sehn
Die Frau geht mit dem Anzug hinaus
WELTVERBESSERER
Ein freundliches Kleidungsstück
festlich und freundlich
ruft hinaus
ein freundliches und festliches Kleidungsstück
Ich habe doch noch von früher
freundliche Kleider

zu sich
unweigerlich kommt sie
will ich mich festlich kleiden
mit diesem Begräbnisanzug herein
ruft hinaus
Den Anzug
den ich in Trier getragen habe
in Trier
hörst du
in Trier
zu sich
Die Vorbereitung allein
erfordert schon alle Kräfte
auf dem Höhepunkt des Ereignisses
bin ich vollkommen geschwächt
Aber ich darf mich nicht selbst verrückt machen
Kopf hoch
hoch den Kopf
ruft hinaus
Den Anzug den ich in Trier angehabt habe
Die Frau kommt mit einem schwarzgestreiften
Anzug herein

WELTVERBESSERER
Den ich in Trier angehabt habe

DIE FRAU
Den hast du in Trier angehabt

WELTVERBESSERER
Den habe ich in Trier angehabt
den habe ich nicht in Trier angehabt

nicht in Trier
den nicht
den nicht in Trier

DIE FRAU
Natürlich hast du den in Trier angehabt

WELTVERBESSERER
In Trier
in Trier angehabt
vielleicht hast du recht
vielleicht habe ich ihn in Trier angehabt
bist du dir sicher

DIE FRAU
Sicher
den hast du in Trier angehabt

WELTVERBESSERER
In Trier
wo wir den Zug versäumt haben

DIE FRAU
Da hast du ihn angehabt

WELTVERBESSERER
Daß ich mich nicht mehr erinnere
daß ich ihn in Trier angehabt habe
glaubst du
daß er mir paßt

DIE FRAU
Er paßt dir bestimmt

WELTVERBESSERER
Mit Sicherheit

DIE FRAU

Sicher paßt er dir

hält den Anzug in die Höhe

WELTVERBESSERER *fährt mit dem Hörrohr in den Anzug hinein*

Ich kann mich nicht erinnern
daß ich den Anzug in Trier angehabt habe
Keine schöne Erinnerung
an Trier

DIE FRAU

Du hast dich gekränkt

WELTVERBESSERER

Die Leute haben meinen Vortrag nicht verdient
Man geht nicht ungestraft nach Trier
man geht nach Trier und macht sich lächerlich
Habe ich denn keinen anderen Anzug
für diese Gelegenheit

fährt noch einmal mit dem Hörrohr in den Anzug

DIE FRAU

Warum willst du den Anzug nicht anziehn
zieh ihn doch an
Was schert es dich
daß du ihn in Trier angehabt hast
Was schert es dich
ein so schöner Anzug
nur weil du ihn in Trier angehabt hast
soll er nicht mehr gut genug sein

WELTVERBESSERER

In Trier ist die Intelligenz

nicht zuhause

DIE FRAU

Ein so schöner Anzug

WELTVERBESSERER

Wenn die Schneider nicht so unverschämt wären
Die Schneider sind unverschämt
und infam
Ich habe die Infamie der Schneider kennengelernt

DIE FRAU

Ziehst du den Anzug an
oder nicht

WELTVERBESSERER

In Trier habe ich ihn getragen
du hast recht
das ist mein Trieranzug
Aber was schert es mich
daß ich ihn in Trier getragen habe
wo sie mich lächerlich gemacht haben

DIE FRAU *mit hoch erhobenem Anzug*

Es ist acht Jahre her
daß wir in Trier gewesen sind

WELTVERBESSERER

Die Zeit ist nicht spurlos
vorübergegangen
acht Jahre sind eine unverschämte Zeit
für viele ist sie tödlich gewesen
Ich sollte wenigstens in den Rock hineinschlüpfen

DIE FRAU *legt den Anzug über einen Sessel und hilft ihm in den Rock*

WELTVERBESSERER *schlüpft in den Rock*
Aber das ist doch unsinnig
wenn ich nicht stehe
wenn ich sitze
ist das unsinnig
Die Frau hilft ihm auf und er steht tatsächlich
WELTVERBESSERER
Den Spiegel
Die Frau holt den Spiegel und er schaut hinein
WELTVERBESSERER
Nicht elegant genug
ich finde er ist nicht elegant genug
DIE FRAU
Ich finde ihn sehr elegant
WELTVERBESSERER
Findest du
findest du
du findest es
Ich finde es nicht
läßt sich wieder auf den Sessel helfen, kaum sitzt er, sagt er
Die Komödie
muß ein Ende haben
Ich werde den Anzug anziehen
Glaubst du die Herren wissen
daß ich den Anzug in Trier angehabt habe
DIE FRAU
Das glaube ich nicht

Weltverbesserer
Daß ich sie möglicherweise
unglücklicherweise
an meine Schlappe in Trier erinnere
wenn ich diesen Anzug anhabe

Die Frau
Kein Mensch weiß mehr
welchen Anzug du in Trier angehabt hast

Weltverbesserer
Ich möchte nicht an Trier
erinnert sein
aber jetzt bin ich es schon
zieht den Rock wieder aus, die Frau hilft ihm dabei
Im Grunde ist es vollkommen gleichgültig
was wir anhaben
wenn wir nur etwas im Kopf haben
wie der Rock ausgezogen ist
Er muß natürlich gebügelt werden
gebügelt und ausgebürstet
Die Frau nimmt den Rock und den ganzen Anzug und geht hinaus

Weltverbesserer
Wer Rücksicht nimmt
bereut es
Wir haben keine Rücksicht zu nehmen
Wo wären wir hingekommen
wenn wir jemals Rücksicht genommen hätten

Die Frau kommt mit einem Paar Lackschuhen herein

Weltverbesserer

Zieh sie mir vorsichtig an bitte
Ich habe noch die lädierte Zehe
Wann kommen die Herren
Die Frau zieht ihm den rechten Schuh an
Um elf Uhr

Weltverbesserer

Alle bedeutenden Ehrungen
finden um elf Uhr statt
Wenn der Prophet nicht zum Berge geht
kommt der Berg zum Propheten
Das ist noch nie dagewesen
daß ein Ehrendoktor
nicht in der Universität
verliehen worden ist
Das war noch nie da
daß der Rektor ins Haus kommt
und mit dem Rektor
der Bürgermeister der Stadt
Das ist eine ganz und gar ungewöhnliche
Auszeichnung
schaut zur Frau hinunter
Womit haben wir das verdient
Daß sie in mein Haus kommen
und mir das Ehrendoktordiplom
in meinem Hause überreichen
Betastet die Kette von oben bis unten
Zur Ehrenkette
den Ehrendoktor

was sagst du

Die Frau schaut zu ihm hinauf, während sie den rechten Schuh zubindet

WELTVERBESSERER

Nicht im Traum habe ich jemals
daran gedacht
Obwohl es schon lange Zeit
in der Luft gewesen war
Vieles deutete darauf hin
Aber ich dachte nicht
daß der Zeitpunkt
so früh eintreten werde

Die Frau zieht ihm den linken Schuh an und bindet ihn zu

WELTVERBESSERER

Dabei hatte ich
wie ich noch klein gewesen war
daran gedacht
Müller zu werden
Müller verstehst du
weil mich Mehl fasziniert hat
Mehl
Eine Mühle im Wald verstehst du
Bachgerinnsel
Aber ich hatte schon immer
einen eigensinnigen Kopf
und eine fixe Idee
selbstanerzogene Härte naturgemäß

schreit auf und schlägt mit dem Fuß aus

Du zerdrückst mir ja die Knochen
Zeitlebens habe ich den Dilettantismus verabscheut
Die Frau ist aufgesprungen und zurückgetreten

WELTVERBESSERER *krümmt sich*
Immer diese Stelle
nach einer Pause
Ich werde sie hereinbitten
und sie mir gegenüber Platz nehmen lassen
zeigt, wo
Da vor mir
vor den Fenstern
daß ich alles gut überblicken kann
So habe ich den idealen Lichteinfluß
Du bittest sie
dort siehst du dort Platz zu nehmen
wie es sich gehört
nachdem ich sie begrüßt habe
den Rektor zuerst
dann den Bürgermeister
oder den Rektor zuerst
und dann den Dekan
und den Subdekan
oder zuerst den Bürgermeister
zeigt hin
Da nimmt der Rektor Platz
Da der Dekan
da der Subdekan
da der Bürgermeister
Eine kleine intime Zeremonie

Ein Staatsakt meine Liebe
Die Frau will hinausgehen
WELTVERBESSERER *winkt sie zurück*
Ich werde eine kleine Rede halten
etwas Philosophisches zum Besten geben natürlich
eine kleine Sentenz
Aber ich werde es kurz machen
Dadurch bleibt was ich sagen will
naturgemäß an der Oberfläche
zeigt hin
Da sitzt der Rektor
da der Bürgermeister
Wenn sie Platz genommen haben
werde ich den Versuch machen aufzustehn
zu ihnen hinzugehn
den Versuch machen
den Versuch verstehst du
nur den Versuch
dann lasse ich mich wieder zurückfallen in den Sessel
Der Leidende ist nicht zur absoluten Korrektheit verpflichtet
Dann höre ich
was gesagt wird
dann hören sie
was ich sage
komm her mein Kind
Die Frau tritt an ihn heran

WELTVERBESSERER *packt sie am Arm und zieht sie an sich*

Meine Lebensgefährtin
mein notwendiges Übel
setzt sich die Perücke auf, drückt sie fest auf den Kopf
mein Höllenkind

Dritte Szene

Eine Stunde später

WELTVERBESSERER *ruft hinaus*
Wo bist du
Bist du nicht da
zu sich
Wahrscheinlich
probiert sie die Kleider aus
ruft
Wo bist du
zu sich
Wenn man sie nicht beschäftigt
probieren sie Kleider
naschen Süßigkeiten
ruft
Wo bist du denn
zu sich
Es könnte ja sein
daß ich sie brauche
dann ist sie nicht da
Zieht ein großes Taschentuch aus der Hosentasche
und schneuzt sich
Oder ein Kotelett
Ein Saftkotelett
ruft hinaus
Wo bist du denn

Ist denn niemand da
Ist überhaupt niemand da
zu sich
Mein Gott was wäre wenn
steckt das Taschentuch ein, ruft hinaus
Hörst du mich nicht
Die Frau kommt herein
Ich schreie die ganze Zeit
und du kommst nicht
Was ist so wichtig
Es könnte ja sein
ich werde ohnmächtig
bewußtlos
und dann kommt niemand herein
Lauter überflüssige Tätigkeiten
die keinerlei Sinn haben
lauter unsinnige Prozeduren
Du hast Kleider probiert
herrscht sie an
du mußt es zugeben
es ist dir alles zuzutrauen
Ein Komplott gegen mich
oder
Ich warne dich
Ich habe Beweise
Eine Unmenge Beweise
Die Frau geht zum Fenster und macht es auf,
Vogelgezwitscher kommt herein

WELTVERBESSERER *wütend*

Mach das Fenster zu
mach das Fenster zu
du weißt
ich vertrage kein Vogelgezwitscher
Alles
nur kein Vogelgezwitscher
Nichts von draußen
Mein Kopf verträgt keine Belästigung
Nur Ruhe Ruhe Ruhe verstehst du
absolute Ruhe

Die Frau macht das Fenster zu

WELTVERBESSERER

Ich wäre längst verrückt
bei offenen Fenstern
Ich hasse die Natur
ich hasse frische Luft
ich hasse was von draußen herein kommt
Wir hätten längst umziehen sollen
Ein fürchterliches Gebäude
ein Grabmal
eine kostspielige Gruft
Und lauter Schädlinge um mich
Wohin ich schaue
sehe ich nichts als Schädlinge
Ich hasse die Natur
ich habe die Natur immer gehaßt
Mir ist das Künstliche näher
das soll nicht heißen

daß ich ein Anhänger der Kunst bin
auch die Kunst ist mir verhaßt
Meine Ohren sausen
Mein Magen drückt mich
Meine Pupillen schmerzen
Du weißt
wie mich alles blendet
was von außen kommt
wie kann ich es dir nur erklären
steckt beide Zeigefinger in seine Ohren
Sausen
sausen
sausen
Gib mir das Hörrohr
Die Frau gibt ihm das Hörrohr

WELTVERBESSERER *setzt das Hörrohr an*
Sprich mir nach
laut deutlich
Willig wie Wildgänse
sprich nach
sprich nach
willig wie Wildgänse

DIE FRAU *spricht nach*
Willig wie Wildgänse

WELTVERBESSERER *setzt das Hörrohr ab*
Ich höre beinahe nichts
Jetzt höre ich schon ab neun Uhr nichts
beinahe nichts
schon um acht läßt auch das Gehör nach

um halbneun höre ich beinahe nichts
gibt ihr das Hörrohr
Ich brauche es nicht
Ich höre auch *mit* Hörrohr nichts
Was werde ich tun
wenn ich überhaupt nichts mehr höre
Mein Vater hat schon mit fünfundvierzig
nichts mehr gehört
Ich höre mit achtundsechzig
beinahe nichts
Es ist die Frage
was tragischer ist
nichts mehr zu hören
oder nichts mehr zu sehen
Wahrscheinlich
ist nichts mehr hören besser
Das fragen sie sich ja alle
was tragischer ist
Wir müssen sehen
was um uns vorgeht
alles sehen
Wir müssen nicht alles hören
reißt sich die Perücke vom Kopf
Rasch einen Umschlag
kalt
sehr kalt verstehst du
und schnell
schnell
treibt sie mit dem rechten Fuß an,

zu sich
Montaigne habe ich gesagt
aber sie hatten nicht verstanden
was ich meinte
Voltaire habe ich gesagt
Schleiermacher
Einer hat gelacht
ein zweiter hat gelacht
dann lachten alle
der ganze Saal hat gelacht
Da habe ich Schluß gemacht
Nie wieder Trier
nie wieder an die Mosel
Nur einmal begeht ein Mensch wie ich
diesen Verrat
Die Frau kommt mit einem kalten Umschlag herein

WELTVERBESSERER
Ganz leicht auflegen
ganz leicht
Die Frau legt ihm den Umschlag auf

WELTVERBESSERER
Wie hieß deine Großmutter mütterlicherseits
wie hieß ihr Vater
was war ihr Onkel
Ich bringe alles durcheinander
Ich weiß warum ich mich niemals
mit meiner Familie beschäftige
Die Familienarchäologie habe ich immer gehaßt
Einer deiner Onkel war Müller

nicht wahr
Ein Onkel väterlicherseits von mir
war im Zuchthaus
habe ich dir das schon einmal gesagt
Ich habe nichts zu verschweigen
die Leute verschweigen und verdrängen
ich verdränge und verschweige nicht
jetzt ist es besser
Ein klarer Kopf ist alles
eine gute Verdauung
und ein klarer Kopf
sucht ihre Hand
Gib mir die Hand
gib mir die Hand
Die Frau gibt ihm die andere Hand

WELTVERBESSERER
Es ist widerwärtig
sich produzieren zu müssen
Aber wir brauchen das Echo
sonst verhungern wir
Diese Schande in Trier
Hast du dich nicht geschämt
Ich weiß daß du dich geschämt hast
zutiefst geschämt
Hast du dich nicht geschämt
Die Frau nickt

WELTVERBESSERER
Aber heute bist du stolz auf mich
Die Frau nickt

Weltverbesserer

Trier war mir eine Lehre
Du warst tapfer
du hast zu mir gehalten
Willst du nach Interlaken
Eine Stimme in mir sagt
Ja
eine andere sagt nein
ja die eine
ja nach Interlaken die eine
nein nicht nach Interlaken die andere
Ich hasse nichts so wie die Schweiz
und ich hasse nichts so wie die Natur
Laß uns nachdenken
vielleicht gibt es einen anderen Ort
wo wir ein paar glückliche Tage verbringen können
Darf es denn nicht im Norden sein
Was hast du gegen den Norden
Immer willst du in den Süden
Das ist eine sentimentale Schwäche
Im hohen Norden wird der Kopf klar
im Süden wird alles schwach und verderbt
Es ist eine perverse Gewohnheit
in den Süden zu fahren
die Geschichte aufzusuchen
die Kultur auszugraben
ich habe Bildungsreisen immer gehaßt
Ich hasse Museen
der ganze Süden

ist ein einziges Museum
Rom was für eine Abscheulichkeit mein Kind
Sizilien ein Trugschluß
Athen ein Alptraum
Von Säule zu Säule
von Grab zu Grab
von Kirche zu Kirche
von Madonna zu Madonna
Ich habe es immer gehaßt
Aber Interlaken hasse ich noch mehr
Schlag dir Interlaken aus dem Kopf
reißt sich den Umschlag herunter
Es kühlt den Kopf nicht mehr

DIE FRAU
Willst du noch einen

WELTVERBESSERER
Einen was

DIE FRAU
Einen frischen Umschlag

WELTVERBESSERER
Nein
natürlich nicht
Die Frau geht mit dem Umschlag hinaus

WELTVERBESSERER
Wenn wir den Ärzten
auf die Schliche gekommen sind
ist es zu spät
Jede Krankheit
ist eine unheilbare Krankheit

ruft hinaus
Hast du vergessen
hörst du
hast du vergessen
bring die Karten mit
betastet die Kette von oben bis unten, schaut auf seine Füße
zu sich
Meine Hände zittern
meine Füße zittern
Die Frau kommt mit einem Spiel Karten herein und mischt

WELTVERBESSERER
Setz dich zu mir
Die Frau nimmt sich einen Sessel und setzt sich vor den Weltverbesserer

WELTVERBESSERER
Es beruhigt mich
wie nichts sonst
Die Frau gibt ihm drei Karten und nimmt selbst drei

WELTVERBESSERER
Zwanzig Jahre
spielen wir dieses Spiel
es ekelt mich davor
aber ich will es spielen
Mit dir
weil es mich mit niemandem
so sehr ekelt

wirft die Karten in ihren Schoß
Ich verliere
Ich verliere immer
ich kann nicht gewinnen
Die Frau gibt ihm noch einmal drei Karten und nimmt selbst drei

WELTVERBESSERER
Manchmal scheint es
ich gewinne
wirft der Frau die Karten ins Gesicht
aber ich verliere natürlich
herrscht sie an
Ich will nicht spielen
jetzt nicht
Die Frau hebt die Karten vom Boden auf und geht mit dem ganzen Kartenspiel wieder hinaus

WELTVERBESSERER *zu sich*
Wir treiben
alles auf die Spitze
rücksichtslos
schaut der Frau nach
wir wollen diejenigen
die uns peinigen
vernichten
aber wir vernichten sie nicht sofort
wir machen einen langwierigen Prozeß
aus diesem Vernichtungswillen
Es gehört sich nicht
es schickt sich nicht

Aber wir zwingen ja niemanden
bei uns zu bleiben
Die Leute ketten sich an uns
sie ketten sich an uns
und deshalb peinigen wir sie
sie trachten danach
uns zu vernichten
wir sind ihr Opfer
Wir stellen eine Falle
und locken unser Opfer hinein
und bezeichnen diesen Vorgang als Vergnügen
Aber wer sagt daß nicht wir
den Kürzeren ziehen
Die Frau kommt mit einem Strickzeug herein und setzt sich ans Fenster

WELTVERBESSERER
Das beruhigt mich vielleicht
Aber du sitzt zu nahe am Fenster
viel zu nahe
Die Frau steht auf und rückt den Sessel ein Stück vom Fenster weg und setzt sich wieder

WELTVERBESSERER
Nicht dahin
zeigt, wohin
dorthin
Setz dich dorthin
Mich stört wo du sitzt
setz dich dorthin
Die Frau steht auf und nimmt den Sessel und stellt

ihn noch ein Stück weiter vom Fenster weg ab

WELTVERBESSERER

Der Lichteinfall ist es
Eine Kleinigkeit für dich
mir hilft es
ungemein
nach einer Pause
Warum beruhigt Stricken so
nichts beruhigt so wie Stricken
Vielleicht schreibe ich einen Traktat
über die Beruhigung beim Stricken
Dich beruhigt es doch auch nicht wahr
Die Frau nickt

WELTVERBESSERER

Beruhigt es dich
ich frage dich ob es dich beruhigt

DIE FRAU

Ja

WELTVERBESSERER

Oft ist es so
daß eine Tätigkeit den einen beruhigt
aber den anderen nicht
Ich schaue dir gern zu wenn du strickst
Wie es mich beruhigt
plötzlich
Aber wir halten es naturgemäß
in dieser Ruhe nicht lange aus
plötzlich peinigt uns diese Ruhe
Wir können sie nicht mehr aushalten

Die Frau steht auf und geht mit dem Strickzeug hinaus

WELTVERBESSERER *ruft ihr nach*
So war es doch nicht gemeint
Nur eine Feststellung
Die Erkenntnis daß wir Ruhe
nicht lange aushalten
daß uns große Ruhe in kurzer Zeit verrückt macht
Ruhe über lange Zeit macht uns wahnsinnig
Zuerst werden wir in der Ruhe verrückt
und dann werden wir wahnsinnig
Hörst du
ich wollte dich nicht kränken
Es ist eine Tatsache
daß die Leute verrückt werden
wenn sie zulange in großer Ruhe sind
und wahnsinnig wenn sie noch länger
in großer Ruhe sind
zu sich
Es ist sinnlos
jede Auseinandersetzung ist sinnlos
ruft hinaus
Jeden Tag machst du eine solche Szene
das ist unverzeihlich
das ist niederträchtig
eine Infamität ist es
zu sich
Was mache ich jetzt
soll ich sie wieder hereinbitten

auf den Knien hereinbitten
ruft hinaus
Bist du gekränkt
Ich wollte dich nicht kränken
zu sich
Ich muß sie hereinlocken
ruft hinaus
Was machst du
Bist du da
Bitte komm herein
komm herein
Die Frau kommt herein

WELTVERBESSERER

Komm zu mir
Die Frau bleibt am Fenster stehen und schaut hinaus

WELTVERBESSERER

Ein solcher Tag
und du hast kein Einsehen
Denke
ich bin heute Ehrendoktor
Ich bin endlich gewürdigt
Nachdem man mich jahrzehntelang gedemütigt hat
heruntergemacht hat
lächerlich gemacht hat
Ehrendoktor
weißt du was das bedeutet
In Asien hat mein Traktat
größtes Aufsehen gemacht

meine Gedankengänge
sind
asiatische Gedankengänge
ruft aus
Ich bin in China verlegt
hörst du
Du hast deinen Anteil
an meinem Ruhm
etwas von dem Ehrendoktortitel
ist auch für dich
nicht der kleinste Teil
Nach so vielen Jahren
entsetzlicher Beschämungen
fürchterlicher Erniedrigungen
Es berührt mich
berührt es dich nicht
es sollte dich berühren
wie es mich berührt
Wir haben beide nicht daran gedacht
Aber ich habe es gewußt
eines Tages
bin ich am Ziel
Aber die noch viel größere Anstrengung
habe ich noch vor mir
Du willst eine Reise machen
Ich weiß
Ich kann nicht j a sagen
aber ich will auch nicht n e i n sagen
Das Gebirge hasse ich

An einem See
wie langweilig
Die grünen Wiesen
wie abstoßend
Es gibt nichts Entsetzlicheres als eine Kreuzfahrt
ob in der Nordsee
oder im Mittelmeer
entsetzlich
Komm
ich erlaube es dir
ich will es dir erlauben
Die Frau dreht sich nach ihm um

WELTVERBESSERER
Hol dein Strickzeug
setz dich ans Fenster
wohin du willst
und stricke
Geh hinaus
und hol dir dein Strickzeug
wenn es dich beruhigt
und setz dich hin
wir sind der Natur ausgeliefert
wir können tun was wir wollen
die Natur beherrscht uns
Die Frau geht hinaus

WELTVERBESSERER *ruft ihr nach*
Wir müssen immer die Konsequenz ziehen
hörst du
niemals nachgeben verstehst du

konsequent sein
konsequent

Vierte Szene

Drei Stunden später
Weltverbesserer schluckt mehrere Tabletten aus einem Einsiedeglas
Die Frau kommt durch die geschlossene Flügeltür mit einem großen Fauteuil herein
Weltverbesserer mit dem Hörrohr auf die Stelle zeigend, wo sie den Fauteuil hinstellen soll
Die Frau bemüht sich, den Fauteuil dorthin zu stellen

WELTVERBESSERER *herrscht sie an*
Dahin
dahin siehst du
Ich zeige dir doch
wohin
dahin
F ü h l s t du denn nicht wohin der Fauteuil gehört
Die Frau stellt den Fauteuil hin

WELTVERBESSERER
Wir müssen nach einem genauen Plan vorgehen
Komm her
Die Frau geht zu ihm hin

WELTVERBESSERER *zeigt mit dem Hörrohr zur Tür*
Wenn sie hereinkommen
gehen sie natürlich zuerst auf mich zu
machen ihre Begrüßung

du stehst
zeigt es mit dem Hörrohr
Da
da stehst du
ich gebe ihnen die Hand und dann stehen sie da
und dann setzen sie sich
Der Fauteuil muß von da weg
er muß weg
Die Frau geht und hebt den Fauteuil auf

WELTVERBESSERER
Dahin
siehst du dahin
Die Frau stellt den Fauteuil ab

WELTVERBESSERER
Ich glaube so ist es gut
Ein wenig nach links
nach links nach links siehst du da
Die Frau schiebt den Fauteuil nach links
Zwei Hausangestellte kommen mit einem zweiten Fauteuil herein

WELTVERBESSERER *aufgebracht*
Was suchen diese Leute da
Was ist das
zur Frau
Eine Ungeheuerlichkeit
Du weißt ich vertrage Menschen nicht
schreit
Kein fremder Mensch
Wer sind denn diese Leute

Die Frau drängt die Hausangestellten hinaus

WELTVERBESSERER *mit dem Hörrohr drohend*

Eine Ungeheuerlichkeit
habe ich dir nicht gesagt
daß ich keinen fremden Menschen sehen kann
Mein ganzes Konzept ist vernichtet
Kommen herein und vernichten mein Konzept
sinkt erschöpft zusammen
Eine Tortur
Die Frau kommt herein

WELTVERBESSERER

Keinen Menschen habe ich gesagt
Diese Leute verderben mir alles
greift sich an den Hals
Ich kann nicht mehr schlucken
Ich will schlucken und kann nicht
die ganze Zeit will ich schlucken und kann nicht
So komm doch schon her
worauf wartest du
Die Frau geht zu ihm hin und klopft ihm auf den Rücken

WELTVERBESSERER *hustet, während die Frau auf seinen Rücken klopft*

Es steht schlecht um mich
Aber ich will keinen Arzt
keinen Arzt
Mir kommt kein Arzt ins Haus
er beruhigt sich
Ich weiß es ist anstrengend

aber es bleibt uns keine andere Wahl
plötzlich
Wo habe ich denn mein Manuskript
Bring mir das Manuskript
Ich kann nicht aus dem Kopf sprechen
Ich verliere alles im Augenblick
ich habe
einen vollkommen zerrütteten Verstand
Die Frau geht hinaus

WELTVERBESSERER
Wir stehen alle Augenblicke allein da
Kein Mensch
nichts
absolute Hilflosigkeit
Wenn wir aufmucken
werden wir niedergetrampelt
Eine Geistesexistenz
eine fürchterliche Geistesexistenz
Die Frau kommt mit einem Heft herein

WELTVERBESSERER
Zuerst habe ich eine gute Idee
und dann zweifle ich daran
gib her
Die Frau gibt ihm das Heft

WELTVERBESSERER *blättert im Heft, liest*
Soll ich überhaupt etwas sagen
Ich sage gar nichts
nichts
Das geht nicht

Ich muß etwas sagen
Sie warten darauf daß ich etwas sage
liest
Nicht schlecht
gibt der Frau das Heft zurück
Du gibst es mir dann
wenn der Zeitpunkt da ist
Was stehst du da
und machst mich nervös
Die Frau geht hinaus
Weltverbesserer nimmt das Einsiedeglas und schluckt noch ein paar Tabletten auf einmal, schluckt und schluckt und hustet dann
Die Frau stürzt herein und klopft ihm auf den Rücken

WELTVERBESSERER
Diese Leute haben kein Zeitgefühl
Sie platzen auf einmal bei der Tür herein
Es ist besser
Laß mich in Ruhe
stößt die Frau weg
schaut vor sich hin
In diesem Fauteuil sitzt natürlich der Rektor
Was stehst du herum
wir brauchen noch eine Menge Sessel
Die Frau geht hinaus

WELTVERBESSERER
Zuerst betreiben wir
alles auf ein Ziel hin

dann verabscheuen wir das eingetretene Ereignis
Ich habe mein Leben nie geliebt
Ich habe es immer gehaßt
alles gehaßt
das damit zu tun hat
Und den Selbsthaß bis zum Äußersten
ausgenützt
Die Frau stößt mit einem Fauteuil an die Flügeltür
und schiebt den Fauteuil herein

WELTVERBESSERER
Lieber mit dir die Hölle
als einen fremden Menschen
Ich vertrage keine fremden Menschen
Alles wird falsch gemacht
niemand gehorcht
Sie hören nichts
sie sehen nichts
aber ununterbrochen verlangen sie
unverschämte Bezahlungen
Die Frau schiebt den Fauteuil vor sich hin

WELTVERBESSERER
Wir bezahlen alle diese Leute
damit sie uns zersetzen und vernichten
damit sie uns wahnsinnig machen
verrückt machen
hörst du
Ich will keinen dieser Menschen mehr sehen
Wie hat das geschehen können
daß sie auf einmal hereinkommen

Die Frau schiebt den Fauteuil vorwärts

WELTVERBESSERER

Du hast dich mit ihnen zusammengetan
Du bist auf ihrer Seite
auf der Seite meiner Zerstörer
meiner Vernichter
Ein Mordkomplott gegen mich
Aber es wird dir nicht gelingen
Noch habe ich einen klaren Kopf

Die Frau schiebt den Fauteuil vorwärts

WELTVERBESSERER

Diebe und Mörder
Aber ich habe keine andere Wahl
Ich bin euch ausgeliefert
Lauter Schädlinge

Die Frau schiebt den Fauteuil vorwärts

WELTVERBESSERER

Wir treiben doch nur Unzucht miteinander

Die Frau schiebt den Fauteuil vorwärts

WELTVERBESSERER

Wir treiben doch nur Unzucht miteinander

Die Frau schiebt den Fauteuil vorwärts

WELTVERBESSERER *zieht an der Kette*

Warten
hat mich immer verrückt gemacht
Die Welt ist eine Kloake
aus welcher es einem entgegenstinkt
Diese Kloake gehört ausgeräumt
Das ist ja auch der Inhalt meines Traktats

Aber wenn wir die Kloake vollkommen ausräumen
ist sie leer
Die Frau geht hinaus
Dann bleibt uns nichts anderes übrig
als daß wir uns kopfüber hineinstürzen
zieht an der Kette
Essen wir viel
bekommen wir Magengeschwüre
essen wir wenig
verhungern wir
ruft hinaus
Den Fußabstreifer nicht vergessen
Gibt es denn heute
nichts zu unterschreiben
Die Frau kommt mit Papieren auf einem Tablett herein

WELTVERBESSERER *sieht die Papiere durch*
Wir treiben den Aufwand
der uns umbringt
Wir hätten vor drei Jahrzehnten
wie wir noch frisch genug waren
in die Wüste gehn sollen
unterschreibt die Papiere
Die Erfindung des elektrischen Lichts
ist das Unglück
Alles was wir unterschreiben
ist immer wieder nur unser Todesurteil
Das ganze Leben verstümmeln wir uns
mit Unterschriften

Alle ziehen und zerren an mir
Die Frau geht mit den unterschriebenen Papieren hinaus

WELTVERBESSERER

Dann schrumpft alles
was wir uns ausgedacht haben
diese ungeheure Idee
zusammen
ruft hinaus
Wenn wir alles abschaffen
wenn wir alles zerstören
ist doch alles wieder da
Wir sind dagegen und schaffen es ab
und es ist wieder da
zu sich
Fallen wir dem Herrschenden in den Rücken
sitzt schon der nächste da
und es ist der gleiche
Alles stört uns
alles stößt uns vor den Kopf
Wir ersticken
wir ertrinken
wir müssen zusehen
wie alles verfault
Die Frau schiebt einen Fauteuil herein

WELTVERBESSERER

Aber wir können natürlich nichts tun
Wir schreiben einen Traktat
und der wird ausgezeichnet

und es hat sich nichts geändert
Wir mögen gegen was immer sein
Die größte Dummheit
wenn wir auf die Seele hören
der Seele nachgeben
dann machen wir uns vor uns lächerlich
Die Zeitungen halten uns den Spiegel vors Gesicht
deshalb hassen wir die Zeitungen
Die Frau schiebt den Fauteuil vorwärts

WELTVERBESSERER

Weil wir in ihnen immer wieder nur
uns selbst finden
gleich welche Seite wir aufschlagen
Dem Zeitungsleser wird an jedem Tag
seine Gemeinheit und seine Niedrigkeit
heimgezahlt
Wenn wir denken
sind wir stark
wenn wir handeln
unfähig
es gelingt uns nichts
Wir haben keine Zukunft
Die Hoffnungslosigkeit
macht alles erträglich
Aus gutem Grund
habe ich keine Familie gegründet
kein perfides Unglück
in die Welt gesetzt
Was starrst du mich so an

wie wenn ich schon wahnsinnig wäre

Die Frau schiebt den Fauteuil vor sich hin

WELTVERBESSERER

Ihr habt es immer
auf meine Vernichtung angelegt gehabt
plötzlich mit dem Hörrohr drohend
Dahin gehört der Fauteuil
zeigt es ihr, wohin
Die Frau schiebt den Fauteuil auf die Stelle
Mein ganzes Leben
habe ich nur bezahlt
um vernichtet zu werden
Ein unwürdiger Zustand
für einen denkenden Menschen
Die Frau geht hinaus

WELTVERBESSERER

Aber wenn wir vollkommen in Ruhe gelassen sind
verzweifeln wir vollkommen
setzt das Hörrohr am rechten Ohr an und horcht
Was auch kommt
es soll kommen
Die Frau schiebt einen Fauteuil herein

WELTVERBESSERER

Daneben hin
Dahin daneben dahin
Die Frau schiebt den Fauteuil dorthin und geht wieder hinaus und schiebt wieder einen Fauteuil herein
Weltverbesserer nimmt das Einsiedeglas, macht es

auf, will Tabletten herausnehmen, überlegt es sich aber dann und nimmt keine Tablette heraus
Die Frau schiebt den Fauteuil neben die anderen

WELTVERBESSERER
Drei oder vier Jahre
hat der Arzt gesagt
Du hast es mir verheimlicht
Ich weiß es
Du mußt noch drei Jahre warten
Aber wahrscheinlich dauert es gar nicht mehr solange
Ich fühle mich am Ende
ich fühle mich entsetzlich
Was für ein Tag
und ich fühle mich entsetzlich
Ich hätte auch ablehnen können
den Ehrendoktor ablehnen
aber dazu fehlt mir die Kraft
Dann sagen sie ich bin hochmütig
Eine solche Zeremonie geht über meine Kräfte
Die Frau geht hinaus

WELTVERBESSERER
Man neidet uns alles
man neidet uns
woran wir zugrunde gehen
und wie erbärmlich zugrunde
Wir beschleunigen diesen Vorgang ununterbrochen
Was wir auch tun
es beschleunigt diesen Vorgang

Die Frau zieht einen Fauteuil herein

WELTVERBESSERER

Du weißt
an Dienstagen vertrage ich keinen Menschen
außer dir

Die Frau zieht den Fauteuil durch den ganzen Raum

WELTVERBESSERER

Am Dienstag kein fremdes Gesicht
keinen Bediensteten am Dienstag
Komm her
gib mir deine Hand
Wenn ich dich nicht hätte

Die Frau geht zu ihm hin

WELTVERBESSERER *nimmt ihre rechte Hand und drückt sie an sich*

Wir sind den Elementen ausgeliefert
Wir müssen zusammenhalten
gegen alles verstehst du

plötzlich mit hocherhobenem Kopf

Wenn ich hier sitze
überblicke ich alles sehr gut
Aber wie ist es
von den Herrschaften aus gesehen
Wie ist es wenn sie zu mir herauf schauen
Komm hilf mir
ich will mich in einen der Sessel setzen
Ich will sehen
wie man da unten sitzt

steht plötzlich, als ob er gar keine Hilfe nötig hätte, auf, entsinnt sich aber sofort seiner Lähmung und läßt sich von der Frau zu einem der Fauteuils führen und setzt sich hinein

WELTVERBESSERER

Hat uns auch niemand gesehen
Kein Mensch

DIE FRAU

Kein Mensch

WELTVERBESSERER *schaut auf seinen Sessel*

Es ist gut so glaube ich
es ist gut so
Komm hilf mir auf
Ich will in meinen Sessel zurück
Die Frau hilft ihm auf, er geht zu seinem Sessel zurück und setzt sich hinein

WELTVERBESSERER

Wie schnell ich erschöpft bin
Ein paar Schritte
und ich bin völlig erschöpft
Aber jetzt gehören sie alle zusammengerückt
Zusammengerückt einerseits
zeigt auf den zuletzt hereingeschobenen Fauteuil
Warum hast du den Fauteuil so weit weggeschoben
Schieb ihn her
schieb ihn zurück
Die Frau schiebt den Fauteuil zurück

WELTVERBESSERER

Halt halt

da steht er richtig
Setz dich hinein
Die Frau zögert
WELTVERBESSERER
Du sollst dich hineinsetzen
ja in den Fauteuil hinein
Die Frau setzt sich hinein
WELTVERBESSERER *plötzlich*
Was für ein häßliches Kleid
Du mußt es ausziehen
Ich hasse dieses Kleid
Ich will dich nicht verärgern
Von allen deinen Kleidern
ist mir das das verhaßteste
Die Frau ist aufgestanden
WELTVERBESSERER
Ich will das Kleid nicht mehr sehen
Du weißt
wie ich das Kleid hasse
Du weißt
an was mich das Kleid erinnert
In diesem Kleid
Ich will dich nicht verärgern
Die Frau will hinausgehen
WELTVERBESSERER *ruft ihr nach*
Du ziehst es immer an
wenn du mich treffen willst
zutiefst treffen
dann ziehst du es an

Die Frau geht hinaus

WELTVERBESSERER

Ich hasse dieses Kleid
schaut um sich
zu sich
Wir hassen
und wünschen den Tod
wir können den Gehaßten
nicht mehr sehen
wenn er nur tot wäre endlich
ruft hinaus
Habe ich dich gekränkt
Du weißt
wie ich das Kleid hasse
Es verunstaltet dich
zu sich
Es macht sie noch häßlicher
als sie schon ist
Diese unvorteilhaften Kleider
Diese Geschmacksungeschicklichkeit
Diese Geschmacklosigkeit
ruft hinaus
Ich habe dich nicht kränken wollen
stellt fest, daß er selbst noch nicht angekleidet ist
ruft hinaus
Du mußt mich anziehen
Meinen Rock
Meine Manschettenknöpfe
Meine Kravatte

Wir haben keine Zeit mehr
Hörst du nicht
Du mußt mich ankleiden
Die Frau kommt mit den Kleidern herein
Weltverbesserer streckt beide Arme aus
Die Frau steckt ihm die Manschettenknöpfe an

WELTVERBESSERER
Wir dürfen uns keine Blöße geben
Ist alles in Ordnung im Haus
Daß ich nicht mehr aufstehen
und hinuntergehen kann
ist entsetzlich
Wenn der persönliche Augenschein fehlt
Eine Katastrophe
Ich habe absichtlich
keinen Menschen eingeladen
für die Zeremonie
In aller Stille verstehst du
Wenn wir den einen einladen
ist der andere beleidigt
Sie kommen wie in ein Totenhaus herein
neugierig wie sie sind
Hier ist noch keine Aufbahrung
Ich sehe sie hereinkommen
wenn ich hier aufgebahrt bin
wie sie herumstehen
und wie sie nicht wissen
was sie tun sollen
Und ich sehe d i c h

schaut ihr direkt ins Gesicht
Die Lebensgefährtin
Es ist ja heute schon der Geruch
des Todes in diesem Haus
entreißt ihr die Arme
Du verletzt mich ja
bläst auf seine Hände, dann
Was habe ich getan
um so unmenschlich behandelt zu werden
Warum bin ich in diese Lage gekommen
Die Frau hat auch den zweiten Manschettenknopf angesteckt

WELTVERBESSERER
Ich bin ein Grübler
nicht wahr
schaut ihr von unten ins Gesicht
Der Weltverbesserer
Der Angstmacher
Der Nihilist
schaut zur Tür
Beherrschung
ist alles
Die Frau zieht ihm den Rock an

WELTVERBESSERER
Von einem bestimmten Zeitpunkt an
stören wir hier
dann stören wir nurmehr noch
Es ist wie wenn wir einen Besuch machen
und im richtigen

im einzig richtigen Augenblick
nicht aufstehen
uns nicht verabschieden können
Dann denken wir die ganze Zeit
wir sind immer noch da
und es ekelt uns vor uns selbst
riecht am Anzugärmel
Der Geruch von Trier
merkst du das nicht
Die Frau bürstet den Rock ab

WELTVERBESSERER
Wo wir gedemütigt worden sind
wollen wir nie wieder hin
Die Kravatte jetzt
Die Frau bindet ihm die Kravatte um

WELTVERBESSERER
Die Schamlosigkeit
hat mich immer verblüfft
mit welcher die Menschen auftreten
Ganz gleich wer herein kommt
ein schamloser Mensch kommt herein
Aber alles ist ein Rechtsmittel
alles
schaut ihr direkt ins Gesicht
Wenn du zuziehen könntest
Aber du kannst es nicht
Du wartest
weil du schon solange wartest
bist du so häßlich geworden

Aber du hast deine guten Seiten mein Kind
Die Frau hat ihm die Kravatte umgebunden und geht hinaus

WELTVERBESSERER *ruft ihr nach*
Du mußt die Fenster aufmachen
hörst du
Die Fenster aufmachen
Ich ersticke hier
Bevor die Herrschaften kommen
muß frische Luft herein hörst du
Die Frau kommt mit einer Decke herein, in die sie den Weltverbesserer einwickelt

WELTVERBESSERER *in sich zusammengesunken*
Zwanzig Jahre beobachte ich
was du tust
Die Frau geht zum Fenster und macht es weit auf

Fünfte Szene

Eine Stunde später

Weltverbesserer *ohne Haare*
Mein ganzes Leben
habe ich geträumt
von einem einfachen Zimmer
von einer Hütte
Die Frau steht mit dem Strickzeug, mit welchem sie am Fenster gesessen war, auf und geht zu ihm hin und setzt ihm das halbfertige Strickzeug mit den Stricknadeln auf

Weltverbesserer
Dem Dummkopf gelingen
die Vorhaben die er hat
Der Dummkopf
ist der Verwirklicher
Dem Zweifler
zerfällt alles
Die Frau nimmt die halbfertige Mütze von seinem Kopf und geht zum Fenster zurück und setzt sich und strickt weiter

Weltverbesserer
Wir rennen einer Idee nach
und verirren uns
Labyrinthisch
sehr labyrinthisch

Voltaire habe ich gesagt
aber da haben sie nur den Mund aufgerissen
Wenn ich Frankreich sage
oder Irland
oder Paraguay
sie reißen nur den Mund auf
flüstert ihr ganz leise zu
Ich wollte immer verblüffen
das ist es
Der einzige Mensch
den ich wirklich geliebt habe
war meine Großmutter
Wenn wir in der Berühmtheit aufwachen
von der wir geträumt haben
graust es uns
Der einfache Mensch rennt in die Kirche
Wohin sollte *ich* gehen
ich bin ungeschützt
Nur der Mensch ist nicht unsterblich
Was haben wir erbeutet
Wenn wir alles zusammenrechnen
bleiben uns nur noch die Magenschmerzen
und die fällige Arztrechnung
Ich habe gehört daß täglich
eineinhalb Milliarden Eier verzehrt werden
auf der Welt
Wer sollte das so genau ausgerechnet haben
Und die vielen Milliarden
die *nicht* verzehrt werden

Die Leute haben es leicht
die sich mit der Oper zufrieden geben
und mit einem daran angeschlossenen Nachtmahl
oder die in den Zug steigen
und drei Stationen weiter ihr Glück finden
Wenn ich genau hinhöre
höre ich die Totengräber mein Grab graben
Sitzen wir zulange in frischen Kleidern
fühlen wir uns bald schmutzig
Hast du die Perücke parat
Damit ich sie gleich aufsetzen kann
wenn die Herrschaften kommen
Die Frau versichert sich, daß die Perücke neben ihr
auf der Fensterbank liegt
WELTVERBESSERER
Ich habe mir immer gewünscht
einen Kopf zu zerlegen
und die einzelnen Bestandteile
einem totalen Studium zu unterziehen
Es ist für so Vieles zu spät
Kein Mensch in meiner Nähe
hat an meinen Traktat geglaubt
Du hast auch nicht daran geglaubt
du hast immer nur vorgegeben
daß du daran glaubst
aber du hast nicht einen Augenblick daran geglaubt
Hinter meinem Rücken hast du nur
von einem Verrückten gesprochen
wenn du von mir gesprochen hast

Und jetzt heimst du den Ruhm mit mir ein
Ich habe Angst vor meiner Venenentzündung
Daß mir ein Bein abgenommen werden muß
Dann ist es aber besser
man schneidet mir den Kopf ab
Mein Traktat will nichts anderes
als die totale Abschaffung
nur hat das niemand begriffen
Ich will sie abschaffen
und sie zeichnen mich dafür aus
Und sage ich ihnen was mein Traktat wirklich
bezweckt
halten sie mich für verrückt
Die Opfer verhelfen ihrem Mörder zum
Ehrendoktor
Alle Wege führen unweigerlich
in die Perversität
und in die Absurdität
Wir können die Welt nur verbessern
wenn wir sie abschaffen
Oder glaubst du sie haben meinen Traktat
verstanden
nimmt das Einsiedeglas und schluckt ein paar Tabletten
Entweder wir krümmen uns vor Schmerzen
oder wir sind aufgebracht
Ich habe schon beinahe mein ganzes
Wahrnehmungsvermögen aufgebraucht
Weil wir das ganze Leben lang fragen

wie hoch ist der Zinsfuß
Nichts interessiert uns mehr
Willst du mir nicht etwas
aus deinem Dramulett vorlesen
bevor die Herrschaften kommen
Besser nicht
Unser ganzes Leben haben wir gesucht
jetzt finden wir nicht mehr
was wir suchten
Zuviel Zugeständnisse
Zuviel Freundlichkeit
zuviel Unterstützungsbedürfnis
Einmal habe ich Montaigne vertraut
zuviel
dann Pascal
zuviel
dann Voltaire
dann Schopenhauer
Wir hängen uns solange an diese philosophischen Mauerhaken
bis sie locker sind
und wenn wir lebenslänglich daran zerren
reißen wir alles nieder
Die Herrschaften kommen
Die Frau springt auf und legt ihr Strickzeug auf die Fensterbank
und setzt dem Weltverbesserer die Perücke auf
und läuft hinaus, den Herrschaften entgegen
Weltverbesserer zieht an der Kette und an der

Perücke
Die Frau tritt ein, hinter ihr der Rektor, der Dekan, der Professor, dahinter der Bürgermeister, zwei Hausangestellte, die an der Tür stehenbleiben
Weltverbesserer streckt die Hände aus

DIE FRAU *zurücktretend*
Ein hoher Besuch
kommen Sie
kommen Sie

WELTVERBESSERER *schüttelt dem Rektor die Hände dann dem Dekan und dem Professor, zuletzt dem Bürgermeister*
Keine Förmlichkeiten meine Herren
keine Förmlichkeit
Die Frau winkt den Hausangestellten, den Champagner zu servieren

REKTOR *sieht sich um*
Ein hohes Haus
ein wahrhaft hohes Haus
Eine glückliche Konstellation

WELTVERBESSERER
Ich muß mich mit einem ganz kleinen Fest
zufriedengeben
Mein Leiden hat sich verschlimmert
Aber in Anbetracht
aller dieser fürsorglichen Menschen
Ich hoffe Sie verstehen mich
Sie entschuldigen mich
Ich kann mich keiner Prozedur mehr unterziehen

nicht einmal mehr einer akademischen Feier
Wollen Sie nicht Platznehmen meine Herrschaften
Ich bitte Sie

DIE FRAU
Ich bitte Sie nehmen Sie doch Platz
Alle setzen sich

REKTOR
Ich überbringe die Grüße
und die Ehrerbietung des Senats
der Universität
zum Dekan
darf ich um das Diplom bitten
Herr Dekan
Dekan gibt dem Rektor das Diplom

WELTVERBESSERER
Meine Verfassung erlaubt
keine Förmlichkeit

REKTOR
Wir hatten gehofft

DEKAN
Ja wir hatten gehofft

REKTOR
wir hatten gehofft
daß Sie uns die Ehre erweisen
auf dem Boden der Universität
das Doktordiplom in Empfang zu nehmen
Dekan, Professor und Bürgermeister nicken dazu

REKTOR
Ihr Traktat hat Aufsehen gemacht

Dekan

Das größte Aufsehen

Rektor

Ein Kollege aus Tokio
hat mir mitgeteilt
daß Ihr Traktat Gegenstand
von heftigen Auseinandersetzungen in Japan ist
Von Amerika höre ich Ähnliches
In China soll eine Übersetzung erschienen sein
Zu unserer Ehre sei es gesagt
ich habe schon vor fünf Jahren den Versuch gemacht

blickt sich um

und mit der Unterstützung
meines verehrten Herrn Kollegen des Herrn Dekan
ist es mir gelungen
Sie zum Ehrendoktor zu machen
Ich habe mein Ziel erreicht

Dekan und Professor

Sie haben sich unschätzbare Verdienste
um die Geisteswissenschaft erworben

Professor

Es sind schon mehr als hundert Studien
über Ihren Traktat erschienen
allein in Deutschland
Und ich kenne die französischen Verhältnisse

Dekan

Meine Nichte hat mir aus Rumänien geschrieben
daß sie Ihren Traktat übersetzt

REKTOR
Gerade Rumänien ist empfänglich
für derartiges Gedankengut
Es ist zu wünschen
daß Ihr Traktat nicht nur gelesen
sondern tatsächlich studiert wird
DEKAN
Und daß nach seinem Willen gehandelt wird
WELTVERBESSERER
Tatsächlich
Wünschenswert
DEKAN
Die Studenten sind begeistert
PROFESSOR
Der Staat wird sich wundern
REKTOR
Die Universität kennt nur
die Wissenschaft
Weltverbesserer zieht an der Kette und an der Perücke
REKTOR
Der Staat mag sich
Ihren Gedanken widersetzen
Sie totschweigen
WELTVERBESSERER
Dem Staat paßt mein Traktat nicht
REKTOR
Der Staat darf Ihren Traktat
nicht verstehen

die Gesellschaft darf ihn auch nicht verstehen

WELTVERBESSERER

Allein die Universität versteht ihn

REKTOR

Die Universität ist stolz
auf ihren einstigen Schüler
der es in seiner Wissenschaft
zu dem Allerhöchsten gebracht hat

WELTVERBESSERER

Aber ich habe die Universität
schon nach der kürzesten Zeit verlassen
Ich bin ja gerade weil ich

DEKAN *unterbricht ihn*

Die Universität ist die geehrte

PROFESSOR

Die Universität ist die geehrte

REKTOR

Die Universität ist die geehrte

WELTVERBESSERER

Mein ganzes Leben habe ich nur dem einzigen Gedanken gewidmet
wie die Welt zu verbessern sei

REKTOR

Wir müssen einen einzigen Gedanken
zu unserem zentralen Gedanken machen
und diesen Gedanken ausdenken

DEKAN *wiederholt*

Ausdenken

PROFESSOR und BÜRGERMEISTER zusammen
Ausdenken
WELTVERBESSERER
Wir dürfen nicht nachlassen
und wir dürfen nicht aufgeben
um jeden Preis
REKTOR
Um jeden Preis
WELTVERBESSERER
Auch wenn wir immer wieder zutiefst verzweifeln
REKTOR
Die Universität schätzt sich glücklich
Sie in ihren Akten als ihren Schüler zu führen
nicht immer hat unsere Universität
eine so glückliche Wahl getroffen
DEKAN
Nachdem alles
für die ganz außerordentliche akademische Feier
gerüstet gewesen war
bekamen wir die Mitteilung
daß Sie sich in einer solchen
mißlichen Lage befinden
Wir bedauern Ihren Zustand zutiefst
WELTVERBESSERER
Meine Lage verschlimmert sich zusehends
Ich existiere nurmehr noch
weil mich die Chemie stützt
Ich komme aus den Schmerzen nicht mehr heraus

REKTOR

Wir haben alle Krankheiten

WELTVERBESSERER

Unheilbare Krankheiten
welchen wir uns vollkommen ausgeliefert haben
nimmt das Einsiedeglas, öffnet es und schluckt mehrere Tabletten
Aus diesem Glas lebe ich
Meine Existenz
ist aus diesem Glas
stellt das Einsiedeglas beiseite

REKTOR

Wir hoffen aber
daß Sie bald gesund sind
und daß Ihr Geist
uns noch zahlreiche schöpferische Werke beschert
Die Wissenschaft kann sich nicht vieler
solcher bedeutender Köpfe rühmen

DEKAN

Heute
wo soviel Scharlatanerie herrscht
ist ein authentischer bedeutender Kopf
eine Rarität
Eine Denkkapazität
welche in die tiefste Tiefe eindringt

REKTOR

Der immer alles in einem Gedanken
allgegenwärtig ist

DEKAN

Ein Weltdenker

REKTOR

In einer Zeit der philosophischen Wiederkäuer

DEKAN

Sie gehen als Weltverbesserer in die Geschichte ein

Es wird ihnen allen Champagner nachgeschenkt
Die Frau ist aufgestanden und hat den Vorhang
halb zugezogen
und hat sich wieder hingesetzt

WELTVERBESSERER

Ich vertrage das Tageslicht
nicht mehr
Die Zeit in welcher ich
vollkommen schmerzunempfindlich
Licht habe empfangen können ist vorbei
Die Ohren sausen mir
die Augen flimmern mir
der Magen tut mir weh
Die Blase hält das Wasser nicht mehr
Dem Leidenden bleibt nichts erspart

REKTOR

Vielleicht wäre eine Kur angebracht

DEKAN

Wenn man wüßte
um was es sich handelt

WELTVERBESSERER

Es ist der allgemeine Verfall
Niere Leber

kein Organ das nicht zeitweise aussetzt
In der Nacht habe ich Krämpfe
Ich bin vollkommen auf die Hilfe meiner
Umgebung angewiesen
Alle wenden sich der Frau zu
Der kranke Körper
zieht einen kranken Geist nach sich
Die Kuranstalten versprechen nichts
Ich leide unter Verfolgungswahn
manchmal höre ich die Erde beben
und ich sehe Risse in den Wänden
In der Nacht gehe ich durch zerborstene Städte
und liege mit aller Welt im Streit
Mit Fieber wache ich auf
mit Kopfschmerz gehe ich zu Bett
Ein Stück Zucker ist oft
meine einzige Mahlzeit
Dann starre ich wieder stundenlang
zum Fenster hinaus
immer derselbe Blick
die Jahreszeiten gehen so dahin
ohne daß sie mein Interesse erweckten
Rektor steht auf und entfaltet das Diplom
Dekan und Professor stehen auf
Bürgermeister steht auf
Die Frau steht auf
Rektor will den Diplomtext vorlesen
WELTVERBESSERER *winkt ab*
Keine Förmlichkeit

Geben Sie mir das Diplom
und trinken Sie noch ein Glas auf mein Wohl
Die Frau winkt den Hausangestellten, den Champagner einzuschenken

WELTVERBESSERER
Der Stadtchirurg hat mir angekündigt
er wird mir mein rechtes Bein abnehmen müssen
Die Lungenflügel sind schwer wie Blei
die Galle funktioniert nicht mehr
Wie gern ginge ich hinaus
und machte einen Spaziergang
Was ist denn überhaupt für eine Jahreszeit
Es ist äußerst merkwürdig
wenn man mit lauter Experten zusammen ist
greift nach dem Diplom
Geben Sie mir doch das Diplom
Rektor gibt ihm das Diplom

WELTVERBESSERER *entfaltet es und liest es durch*
Alle schauen sich immer wieder an
Wir haben das Lateinische
vergessen
Die deutsche Sprache sprechen wir ungern
aber wir verstehen sie wenigstens
Ein schönes Diplom
hält es sich vors Gesicht
Was für ein Geruch
ganz orientalisch
winkt den Rektor zu sich heran
Nur manchmal trage ich eine Perücke

Ich habe schon zwanzig Jahre
keine Haare mehr
Wer soviel Medikamente einnimmt
dem gehen die Haare aus
Zu festlichen Gelegenheiten
trage ich Haare
wann sonst
wenn nicht am heutigen Tage
hält sich noch einmal das Diplom vors Gesicht
Wir sind als Ehrendoktor nicht anders
als wir immer gewesen sind
zieht an der Kette
Die Ehrenkette habe ich schon
jetzt habe ich zur Ehrenkette
auch noch den Ehrendoktor
Manche Leute glauben sie müßten eine Leiter
an mich anlehnen
wenn sie mit mir sprechen wollen
Ich versichere Ihnen
meine allergrößte Hochachtung
Ich habe eine Rede vorbereitet
winkt die Frau heran und flüstert ihr etwas ins Ohr, worauf die Frau wieder zurücktritt und sich hinsetzt
Aber ich halte keine Rede
Wenn wir etwas sagen
werden wir nicht verstanden
Wenn wir die Wahrheit sagen
ist es doch nur gelogen

Wir sind auch zu große Fanatiker
und der Fanatismus ist ein Unglück
Von Kunst verstehen wir nichts
die Natur hassen wir
Unsere Gedanken stellen sich als Unsinn heraus
zum Bürgermeister
Herr Bürgermeister können Sie mir sagen
warum gestern die Brücke eingestürzt ist
welche Sie selbst vorgestern
als für die Ewigkeit gebaut bezeichnet haben
Sehen Sie Sie können es nicht
Wenn wir aus dem Hause gehen
müssen wir zuerst den Unrat wegräumen
der sich in der Nacht davor angesammelt hat
Wenn wir das das ganze Leben lang jeden Morgen tun
erschöpfen wir uns schließlich
Es wäre wirklich angemessen
und eine Kleinigkeit gewesen
in Ihre Universität zu kommen
und mir das Diplom abzuholen
aber Sie sehen ja selbst
daß es mir unmöglich ist
Ich danke für Ihre Aufmerksamkeit Herr Rektor
ehrwürdige Magnifizenzen
Und auch Ihnen Herr Dekan
streckt ihnen und den beiden anderen die Hand hin
und verabschiedet sie
Schon ein paar Minuten ermüden mich

Dem Leidenden bleibt nichts erspart
hält der Frau das Diplom hin, sie nimmt das Diplom an sich und führt die Herrschaften hinaus
Grüßen Sie Ihr Institut
Meine Hochachtung
meine allerergebenste Hochachtung
Alle gehen hinaus

WELTVERBESSERER *nachdem er sie beobachtet hat, bis sie endgültig draußen waren*
Man bringt mich um alles

Nachspiel

Zu mittag

WELTVERBESSERER *ohne Haare*
Was für Geruch
Ich ersticke
ringt nach Luft
Ich ersticke ja
ruft hinaus
Ich ersticke ich ersticke
Die Frau kommt hereingelaufen
WELTVERBESSERER
Aufmachen
aufmachen
Die Frau macht die Fenster auf
WELTVERBESSERER
Sie haben diesen Geruch zurückgelassen
Du mußt die Fenster weit aufmachen weit
weit weit
Die Frau macht die Fenster so weit als möglich auf
WELTVERBESSERER
Wir müssen ausziehen
wir müssen weg von hier
Mir ist das Haus verhaßt
Die Gegend ist mir verhaßt
Sie ist mir immer verhaßt gewesen
Ich halte diese Umgebung nicht mehr aus

Weg weg
Was für eine entsetzliche Stadt
Was für stumpfsinnige Menschen
Ich hätte nie einwilligen sollen
daß wir hierher gehen
Wir müssen so schnell als möglich weg
Wir krepieren wir verblöden sonst
Weil ich dir nachgegeben habe
Ich habe diese Leute immer gehaßt
ich weiß warum ich nach einem halben Jahr
aus der Universität davongelaufen bin
Jetzt rächen sie sich und ehren mich
Wir dürfen keine Zeit verlieren
Es ist die letzte Gelegenheit
Aber wohin
Die Zugluft bringt mich um
zur Frau
Was stehst du da und starrst mich an
Mich friert
von unten herauf
Du hättest mir Strümpfe stricken sollen
keine Mütze
plötzlich
Wie viele Ratten in der Falle heute

DIE FRAU
Keine einzige Ratte

WELTVERBESSERER
Keine Ratte
fragt

Mäuse

DIE FRAU

Nur eine einzige Maus

WELTVERBESSERER

Bring sie her
ich will sie sehen
Bring sie her
Die Frau geht hinaus

WELTVERBESSERER *nickt mehrere Male ruckartig mit dem Kopf*

Ein eigenartiger Genickschmerz
schaut auf die Tür
Die Frau kommt mit einer Mausefalle, in welcher eine Maus ist, herein

WELTVERBESSERER *ruft ekstatisch aus*

Die lebt ja
Wie viele Fallen hast du aufgestellt

DIE FRAU

Dreizehn Fallen
acht unten
fünf im ersten Stock

WELTVERBESSERER

Keine Ratte
nur eine einzige Maus
Das ist merkwürdig
Gibst du auch genug Speck
Vielleicht röstet ihn der Koch
nicht gut genug

WELTVERBESSERER *klopft mit dem Hörrohr an die Mausefalle*
Was für ein entzückendes Wesen
klopft mit dem Hörrohr an die Mausefalle
Sensibilität siehst du
ein ganz und gar entzückendes Wesen
Siehst du seine Augen
Wie es das Leben liebt
Aber sie erschrecken und belästigen uns
klopft mit dem Hörrohr an die Mausefalle
Wie sie erschrickt
Warum erschrecken wir
vor einem Tier
das so erschrickt
Wir wissen nie
soll sie ertränkt
oder verbrannt werden
Verbrennen wir sie
ist der Geruch ekelhaft
ersäufen wir sie
ekelt es uns
In diesen Häusern herrschen
nur Ratten und Mäuse
Eines Tages fressen sie uns auf
wenn wir nicht weggehen
der Frau direkt ins Gesicht
Nach Interlaken vielleicht
deiner Lunge wegen
Die Alpen sind widerwärtig

Ich hasse die Schweiz
Aber vielleicht erfülle ich dir den Wunsch
und gehe mit dir in die Alpen
in die Schweiz
nach Interlaken
ich sollte dich belohnen
Du bist aber nicht gänzlich leer ausgegangen
nicht wahr
sag es
daß du nicht gänzlich leer ausgegangen bist
Immerhin
ich bin berühmt
ich bin eine Geistesgröße
Ich bin ein Geschichtemacher
klopft auf die Mausefalle
Wie sie springt
verängstigt
sie ist ganz verängstigt
plötzlich
Gib her
ich will ein gutes Werk tun
Die Frau gibt ihm die Mausefalle und nimmt das Hörrohr

WELTVERBESSERER *hält die Mausefalle so weit als möglich vor sich hin und schaut hinein*
Im Prinzip habe ich nichts dagegen
Ich habe auch nichts
gegen Interlaken
Es ist naturgemäß

auch keine Kostenfrage
hält die Mausefalle vor das Gesicht der Frau
Siehst du sie
sie hat Angst
Ausgerechnet der Mensch
ist unmenschlich
Sie weiß nichts
von Interlaken
er öffnet die Mausefalle, die Maus entkommt, die Frau läuft schreiend hinaus
er wendet sich voller Ekel ab
nach einer Pause
laut hinausschreiend
Meine Nudeln
gelangweilt
Jetzt will ich die Nudeln essen

Bibliothek Suhrkamp

Verzeichnis der letzten Nummern

528 René Schickele, Die Flaschenpost
529 Flann O'Brien, Das Barmen
533 Wolfgang Hildesheimer, Biosphärenklänge
534 Ingeborg Bachmann, Malina
535 Ludwig Wittgenstein, Vermischte Bemerkungen
536 Zbigniew Herbert, Ein Barbar in einem Garten
537 Rainer Maria Rilke, Ewald Tragy
538 Robert Walser, Die Rose
539 Malcolm Lowry, Die letzte Adresse
540 Boris Vian, Die Gischt der Tage
541 Hermann Hesse, Josef Knechts Lebensläufe
542 Hermann Hesse, Magie des Buches
543 Hermann Lenz, Spiegelhütte
544 Federico García Lorca, Gedichte
545 Ricarda Huch, Der letzte Sommer
546 Wilhelm Lehmann, Gedichte
547 Walter Benjamin, Deutsche Menschen
548 Bohumil Hrabal, Tanzstunden für Erwachsene und Fortgeschrittene
549 Nelly Sachs, Gedichte
550 Ernst Penzoldt, Kleiner Erdenwurm
551 Octavio Paz, Gedichte
552 Luigi Pirandello, Einer, Keiner, Hunderttausend
553 Strindberg, Traumspiel
554 Carl Seelig, Wanderungen mit Robert Walser
555 Gershom Scholem, Von Berlin nach Jerusalem
556 Thomas Bernhard, Immanuel Kant
557 Ludwig Hohl, Varia
559 Raymond Roussel, Locus Solus
560 Jean Gebser, Rilke und Spanien
561 Stanisław Lem, Die Maske · Herr F.
562 Raymond Chandler, Straßenbekanntschaft Noon Street
563 Konstantin Paustowskij, Erzählungen vom Leben
564 Rudolf Kassner, Zahl und Gesicht
565 Hugo von Hofmannsthal, Das Salzburger große Welttheater
567 Siegfried Kracauer, Georg
568 Valery Larbaud, Glückliche Liebende ...
570 Graciliano Ramos, Angst
571 Karl Kraus, Über die Sprache
572 Rudolf Alexander Schröder, Ausgewählte Gedichte
573 Hans Carossa, Rumänisches Tagebuch
574 Marcel Proust, Combray

575 Theodor W. Adorno, Berg
576 Vladislav Vančura, Der Bäcker Jan Marhoul
577 Mircea Eliade, Die drei Grazien
578 Georg Kaiser, Villa Aurea
579 Gertrude Stein, Dinge Essen Räume
580 Elias Canetti, Aufzeichnungen
581 Max Frisch, Montauk
582 Samuel Beckett, Um abermals zu enden
583 Mao Tse-tung, 39 Gedichte
584 Ernst Kreuder, Die Gesellschaft vom Dachboden
585 Peter Weiss, Der Schatten des Körpers des Kutschers
586 Herman Bang, Das weiße Haus
587 Herman Bang, Das graue Haus
588 Hermann Broch, Menschenrecht und Demokratie
589 D. H. Lawrence, Auferstehungsgeschichte
590 O'Brien, Zwei Vögel beim Schwimmen
591 André Gide, Die Rückkehr des verlorenen Sohnes
592 Jean Gebser, Lorca oder das Reich der Mütter
593 Robert Walser, Der Spaziergang
594 Natalia Ginzburg, Caro Michele
595 Raquel de Queiroz, Das Jahr 15
596 Hans Carossa, Ausgewählte Gedichte
599 Hans Mayer, Doktor Faust und Don Juan
600 Thomas Bernhard, Ja
601 Marcel Proust, Der Gleichgültige
602 Hans Magnus Enzensberger, Mausoleum
603 Stanisław Lem, Golem XIV
604 Max Frisch, Der Traum des Apothekers von Locarno
605 Ludwig Hohl, Vom Arbeiten · Bild
606 Herman Bang, Exzentrische Existenzen
607 Guillaume Apollinaire, Bestiarium
608 Hermann Hesse, Klingsors letzter Sommer
609 René Schickele, Die Witwe Bosca
610 Machado de Assis, Der Irrenarzt
611 Wladimir Trendrjakow, Die Nacht nach der Entlassung
612 Peter Handke, Die Angst des Tormanns beim Elfmeter
614 Bernhard Guttmann, Das alte Ohr
616 Ludwig Wittgenstein, Bemerkungen über die Farben
617 Paul Nizon, Stolz
618 Alexander Lernet-Holenia, Die Auferstehung des Maltravers
619 Jean Tardieu, Mein imaginäres Museum
620 Arno Holz/Johannes Schlaf, Papa Hamlet
621 Hans Erich Nossack, Vier Etüden
622 Reinhold Schneider, Las Casas vor Karl V.
624 Ludwig Hohl, Bergfahrt
628 Donald Barthelme, Komm wieder Dr. Caligari
646 Thomas Bernhard, Der Weltverbesserer

Bibliothek Suhrkamp

Alphabetisches Verzeichnis